Über dieses Buch In diesem Buch setzt sich der Autor mit den Anschauungen der modernen Vererbungslehre auseinander und entwikkelt, im Gegenzug zu ihr, ein Menschenbild auf der Grundlage der Wiederverkörperung des menschlichen Geistes. Der Mensch erscheint so als ein Wesen, das seine Fähigkeiten im Verlauf mehrerer Inkarnationen allmählich entfaltet und erst in diesem Prozeß zu sich selbst findet. Die Begriffe »Würde und Freiheit des Menschen« bekommen in dieser Betrachtungsweise eine neue Bedeutung. – Die Mysteriendramen Rudolf Steiners, Ausgang der Studie der geisteswissenschaftlichen Darstellung der Reinkarnation, geben der Grundfrage unserer Zeit, der Sinnfindung durch Selbstfindung, dichterischen Ausdruck.

Der Autor Herbert Witzenmann, 1905 in Pforzheim geboren, ist durch zahlreiche Schriften und eine seit Jahrzehnten durchgeführte Seminar- und Vortragstätigkeit als wissenschaftlicher Interpret und Fortbildner der spirituell orientierten Geisteswissenschaft Rudolf Steiners hervorgetreten. Seit 1963 gehört Witzenmann dem Vorstand der Allgemeinen Anthroposophischen Gesellschaft an, seit 1973 leitet er das von ihm begründete »Seminar für Freie Jugendarbeit, Kunst und Sozialorganik«, eine auf der Grundlage der Geisteswissenschaft Rudolf Steiners arbeitende Schulungs- und Studienstätte in Dornach/Schweiz. Sein literarisches Werk erscheint im Gideon Spicker Verlag.

Herbert Witzenmann

Vererbung und Wiederverkörperung des Geistes

Die Reinkarnationsidee Rudolf Steiners in geisteswissenschaftlicher Darstellung nach naturwissenschaftlicher Methode

Fischer Taschenbuch Verlag

Perspektiven der Anthroposophie

Herausgegeben von
Johannes M. Mayer und Wolfgang Niehaus

Überarbeitete Ausgabe
Veröffentlicht im Fischer Taschenbuch Verlag GmbH
Frankfurt am Main, Dezember 1984
Lizenzausgabe mit freundlicher Genehmigung
des Gideon Spicker Verlages, Dornach / Schweiz

Umschlaggestaltung: Jan Buchholz / Reni Hinsch
Gesamtherstellung: Clausen & Bosse, Leck
Printed in Germany
980-ISBN-3-596-255477-3

Inhalt

Vorrede zur zweiten und dritten Auflage

Die Neuauflage dieses Buches erscheint gegenüber ihren früheren Ausgaben im wesentlichen unverändert, nur durch diese Vorrede und ein Nachwort vermehrt. Im Nachwort wird begründet, weshalb ihr Text, obwohl er schon im Jahre 1974 abgeschlossen wurde, heute ohne erhebliche Umgestaltung wieder zum Abdruck gelangen kann. Zwar hat in dem vergangenen Jahrzehnt die wissenschaftliche Entwicklung einen stürmischen Fortgang genommen, der zu einem Teile ihre Grundlagen erschüttert. Doch ist die erkennende Wissensrichtung unserer Zeit die gleiche geblieben, wie dies aus dem nachfolgenden Text hervorgeht und im Nachwort noch besonders erläutert wird. Daher glaubt der Verfasser, daß das vor zehn Jahren von ihm Ausgesprochene heute noch ebenso gültig ist wie damals.

Einige Vorbemerkungen zur Grundhaltung dieser Schrift sollen aber vorangeschickt werden. Die hier entwickelten Ausführungen über die Wiederverkörperung des menschlichen Geistes wollen ihren Inhalt in wissenschaftlicher Form und im besonderen nach naturwissenschaftlicher Methode darstellen. Dies mag mehrfaches Befremden erregen. Werden doch die meisten Vertreter der heutigen naturwissenschaftlichen Wissensrichtung geneigt sein, die Vorstellung von der Wiederverkörperung des menschlichen Geistes als sinnlose Phantasterei abzutun. Jene aber, die in dieser Vorstellung eine Lebenshilfe, eine Offenbarung über Unerforschliches oder ein in seinem Tatsachengehalt nur außergewöhnlichen Bewußtseinszuständen zugängliches Gebiet erblicken, werden demgegenüber ein wissenschaftliches Verfahren als aussichtslos oder gar störend betrachten.

Hier sei das Folgende festgestellt (das allerdings erst im nachfolgenden Buchtext seine genauere Begründung finden kann). Die hier vertretene Idee der Wiederverkörperung des menschlichen Geistes (*nicht* der Seelenwanderung) ist keineswegs mit der östlichen Vorstellung der Lösung vom »Rad der Geburten« verwandt, vielmehr ihr entgegengesetzt. Während die östliche Vorstellung den Weg zu einer allmählichen Abstreifung alles individuellen Eigenseins und zur Auflösung im unterschiedlosen Allsein weisen will, verfolgt die aus europäischem Geiste geborene Idee der Wiederverkörperung den entgegengesetzten Weg zur immer reicheren und reineren Ausprägung des individuellen Menschenwesens. Daher ist sie auch nicht mit herabgestimmten Bewußtseins-Zuständen verträglich, – etwa den Äußerungen unter hypnotischem Einfluß stehender Personen, die (wie das berühmte Medium Edgar *Cayce*) im hypnotischen Schlaf Aussagen (über angebliche eigene oder fremde Verkörperungen) machen, von denen sie nach dem Erwachen selbst nichts wissen.

Die hier vertretene Wiederverkörperung ergibt sich dagegen aus der vollwachen Bewußtseinsart des heutigen Menschen, die er im naturwissenschaftlichen Erkenntnisverhalten erlernt hat. Dieses erhält dadurch seine Eigenart, daß es (sofern es seinem eigenen, freilich oft vergessenen Ideal treu bleibt) voraussetzungsfrei verfährt, d.h. Begriffe einerseits nur insoweit verwendet, als diese sich selbst durch ihren logischen Zusammenhang erklären, sie aber anderseits ebenfalls nur insoweit verwendet, als sie durch die Verbindung mit beobachtbaren Tatsachen eine dem besonderen Fall angepaßte Individualisierung erhalten, – also prinzipiell nicht durch Schlußfolgerung auf Nichtbeobachtbares bezogen, sondern in ihrem Vermutungsgehalt von der Bestätigung durch Beobachtung abhängig gemacht werden. Wird diese naturwissenschaftliche Methode durch seelische Beobachtung auf den Erkenntnisvorgang angewandt, dann wird das in diesem enthaltene Verhältnis des Menschen zur Wirklichkeit durchsichtig und die in ihm nochmals enthaltene Tatsache der Wiederverkörperung des menschlichen Geistes zur Gewißheit. Dies darzustellen, ist die Aufgabe dieses Buches.

Diese Aufgabenstellung kann man sich unter den folgenden Gesichtspunkten verdeutlichen: 1. Der hier gewiesene Weg zur Erkenntnis der Wiederverkörperung des menschlichen Geistes ist ein wissenschaftlich gesicherter. 2. Dieser Weg nimmt seinen Ausgangspunkt im wachsten und hellsten Bereich des menschlichen Bewußtseins. Er ist daher kein Glaubens-, sondern ein Erkenntnisweg. 3. Dieser Weg ist ein übendes Bemühen, das sein seelisches Beobachten auf das eigene Erkenntnisverhalten in allmählicher Selbsterhellung anwendet. Er geht daher in Meditation über. 4. Als ein Meditationsweg entfaltet er sich als die (heute oft geforderte, doch nicht begründete und aufgezeigte)

Selbstverwandlung, deren wir in unserer Zeit und ihren Nöten dringend bedürfen. 5. Als die Selbstverwirklichung der menschlichen Geistgestalt in einem leiblich-seelischen Trägersystem ist dies ein Weg zur intimsten, nämlich geistigen Verbindung des menschlichen Wesens mit den stützenden Bereichen, in die es sich erstreckt. 6. Die Wiederverkörperung ist der echte Weg zur menschlichen Identität, die schon in einem einzelnen Leben nur durch das Übergreifen zahlreicher Personalisationen als das ihnen Einheit Gebende erfahren wird. Nur in einem überkulturellen Übergreifen seiner über wiederholte Lebensläufe ausgedehnten Selbstverwirklichung kann der Mensch seine vollerfüllte Identität als das Ansichtigwerden seines Selbstseins in der Gemeinschaft erfassen (vgl. *Lessing*s »Erziehung des Menschengeschlechts«). 7. Der Verfasser möchte dieses Buch Lesern in die Hand legen, die wissenschaftliche Genauigkeit mit meditativer Willenskraft und (angesichts der Wahrheit) inniger Herzenswärme verbinden wollen.

Pforzheim im Oktober 1984 *Herbert Witzenmann*

Vorbemerkung

Der Titel der vorliegenden Schrift hätte auch lauten können »Doktor Straders strenger Beweis und die moderne Biologie«, wodurch für den Kenner der Mysteriendramen *Rudolf Steiners* der Zusammenhang, welchem der Verfasser grundlegende Bedeutung beimißt, noch stärker, als dies jetzt der Fall ist, betont worden wäre. Da aber jene Kenntnis nicht allgemein vorausgesetzt werden konnte, mußte für diese Untersuchung eine andere Überschrift gewählt werden.

Der Verfasser kennt die Einwände, die sich gegen seine Ausführungen richten. Leser, deren Neigung der schönen Literatur zugewendet ist, werden es billigen, daß der Ausgangspunkt dieser Studie in den Mysteriendramen *Rudolf Steiners*, denen ein hoher Rang innerhalb der dramatischen Dichtung zukommt, gefunden wurde. Nicht wenige von ihnen werden sich aber weigern, Erwägungen zu folgen, deren Fortschritt durch eine (nach ihrem Dafürhalten) allzu große Last begrifflicher Bedenken aufgehalten werde. Ereile doch künstlerisches Empfinden das Ergebnis solcher Mühsal im Fluge. Indessen hat der Verfasser zur Idee ein anderes Verhältnis. Für ihn ist der Gedanke, wie er ihn in seinen Ausführungen zu entwickeln trachtet, Ordner und Gestalter alles (seelisch und physisch) Beobachteten: er ist keineswegs nur das Werkzeug intellektueller Schlußfolgerungen, vielmehr entstammt er dem gleichen Bereich menschlichen Geisteswirkens, aus dem auch die künstlerische Betätigung schöpft. Denn im Erkennen wird die gewordene Wirklichkeit aus ungeordnetem Wahrnehmungsstoff noch einmal aufgebaut, also nachgeschaffen, im künstlerischen Gestalten eine werdende Wirklichkeit neu gebildet. Da beide Betätigungen des menschlichen Geistes, Erkennen und künstlerisches Schaffen, also gleichermaßen in einem Gestaltaufbau gipfeln, sind sie berufen, zwar nicht ihre Anschauungsweisen sich gegenseitig aufzudrängen, wohl aber einander zu beleuchten. Nicht die Ungenauigkeit, die man an manchen Darstellungen bewundert, denen man das Prädikat des »Künstlerischen« zuerkennt, sondern das Bemühen um einen Gestaltaufbau aus einem ganzheitlich in die Teile wirkenden Prinzip scheint dem Verfasser also die Brücke zwischen Kunst und Wissenschaft zu bilden. Diese Aussage ist freilich nur dann sinnvoll, wenn man als das Werkzeug des Erkennens den lebendigen (urbildlichen) Begriff und nicht die tote Vorstellung betrachtet.

Andere Beurteiler dagegen, die nur das Verfolgen ideeller Leitlinien als überzeugend empfinden, werden die hier intendierte Vereinigung künstlerischer und wissenschaftlicher Gesichtspunkte als unzulässige Vermischung der Bereiche ablehnen. Der Verfasser hätte, mögen sie vermeinen, zum Vorteil seines Anliegens eine neutrale Anknüpfung seiner Darstellung wählen sollen, die dem Angriff des Vorurteils die unbewehrte Flanke nicht geradezu anbiete. Indessen erhofft sich der Verfasser Leser, die, bevor sie urteilen, unbefangen entgegennehmen, was ihnen, wenn auch vielleicht anfänglich fremdartig, entgegentritt. Im übrigen glaubt er, Grund zu haben, die Verbindung gerade jener beiden Gesichtspunkte anzustreben. Hierbei wird er sich freilich durch eine hinzugefügte Erklärung nicht rechtfertigen können, wenn seine Arbeit selbst nicht diese Rechtfertigung darstellt. Er vermag einleitend allein auf die nachfolgenden Ausführungen zu verweisen, durch die er dargetan zu haben hofft, daß die evolutionären Geschehnisse, welche dem Bereich der Begriffe »Vererbung« und »Wiederverkörperung des Geistes« angehören, nicht in der physikalischen Einseitigkeit der neueren Naturwissenschaft durchdrungen werden können. Vielmehr wird die (bis zum menschlichen Geiste aufsteigende) Entwicklung nur durch die gleiche Gestaltungskraft und eine ihr angemessene Methode wissenschaftlich zugänglich, die sonst in den künstlerischen Produktionen am Werke ist.

Sowohl der landläufige Wissenschaftsbetrieb wie auch eine philiströse Auffassung des Künstlerischen (die indessen seltener dem praktizierenden Gestalter als dem Besserwisser und Dilettanten in Sachen der Kunst sowie vor allem dem Reproduzenten eigen ist) werden sich von dem derart charakterisierten Bestreben des Verfassers abwenden. Er kann daher seine Hoffnung allein auf eine ihm als modern geltende Geisteshaltung richten.

Wiederum andere Beurteiler, die zunächst vielleicht nicht widerstrebend folgten, werden vor dem Abschnitt »Seelische Beobachtung« (S. 139) stocken. Denn hier wird die Verständigung mit dem Leser von dessen Bereitschaft zu eigener innerer, »meditativer« Betätigung abhängig gemacht. Damit scheint der Gedankengang seine Voraussetzungslosigkeit, die allein jedem Bereitwilligen den Zugang öffnet, einzubüßen und sich statt dessen auf die Neigung und Vorbereitung des Lesers zu verlassen, einen bestimmten Bewußtseinszustand durch eigene Willensanstrengung hervorzurufen. Wer aber dem Bemühen des Verfassers, nicht durch Schlußfolgerungen oder Annahmen, sondern durch die Lenkung des Blickes auf seelisch Beobachtbares zu überzeugen, Verständnis entgegenbringt, wird ihm vielleicht beipflichten, daß die Tätigkeit des seelischen Beobachtens, auf die er sich von Beginn an beruft, ihrer selbst nur in jenem gesammelten Anschauen eines innerlich erzeugten seelisch-geistigen Inhaltes, welches man Meditation nennt, völlig innewerden kann. Der Verfasser hat sich daher bewußt die Aufgabe gestellt, den wissenschaftlichen, den künstlerischen und den meditativen Gesichtspunkt in seiner Darstellung zu vereinigen. Diese Vereinigung ergab sich ihm aus der Sache, deren Entwicklung aus sich selbst diesem Punkte zustrebt. Eine solche Zusammenschau gehört nach seinem Dafürhalten zu den inneren Beweismitteln seiner Ausführungen.

Auch die Anknüpfung an *Gideon Spicker*, dem *Rudolf* Steiner in der *Strader*-Gestalt seiner Mysteriendramen (wovon uns sein eigener Hinweis unterrichtet) ein edel-erhöhtes Denkmal gesetzt hat, entspringt nicht der Willkür oder nur persönlicher Vorliebe. Hat doch Spicker mit großem Mut und bewunderungswürdiger Konsequenz seine Lebensarbeit der Frage gewidmet, welchen Aufschluß wir über unser seelisch-geistiges Wesen mit den Erkenntnismitteln der modernen naturwissenschaftlichen Bewußtseinsart gewinnen können. Es ist die gleiche Aufgabe, zu deren Lösung diese Schrift ihren Beitrag beisteuern möchte. Denn die naturwissenschaftliche Bewußtseinshaltung als Gesinnung und Methode, nicht aber ihre Verengung in der Anwendung eines bestimmten Begriffsapparats ist nach der Überzeugung des Verfassers die Verheißung unserer Zeit.

Wenn der Verfasser damit seine Studie der dichterisch erschauten Gestalt Straders und durch sie zugleich auch dem Andenken Spickers widmet, tut er dies in der Bewunderung vorbildlicher Menschlichkeit. Diese Bewunderung gilt einem Manne, dessen Erkenntniskühnheit keiner Gemütserschütterung auswich, dessen Überzeugungstreue, mochte ihr Wagnis auch seine innere und äußere Existenz an die Grenzorte der

Bedrohung führen, sich von keiner Opportunität auf Seitenwege locken ließ. Durch solche Anknüpfung hofft der Verfasser aber auch die Aufmerksamkeit seiner Leser auf einige Einsichten gelenkt zu haben, die dem Verständnis der Mysteriendramen Rudolf Steiners förderlich sein können. Für solche Leser, die mit dem literarischen Werke Rudolf Steiners vertraut sind, fügt er hinzu, daß er vermeint, auch zu einigen Problemen der Kosmologie Rudolf Steiners, wie man sie vor allem in seiner »Geheimwissenschaft« entwickelt findet, sowie seiner Anthropologie, deren Grund er in seiner »Philosophie der Freiheit« und seiner »Theosophie« gelegt hat, unter begrifflicher Durchdringung seelischer Beobachtungen Anregendes vorgetragen zu haben.

Was die Bezugnahme auf Ergebnisse und Anschauungen der gegenwärtigen Naturwissenschaft anlangt, so wird auch hier, was deren Auswahl und Umfang anlangt, mancher anderen Sinnes als der Verfasser sein. Diesem kam es aber weniger auf die Auseinandersetzung mit bestimmten Ergebnissen der Tatsachenforschung als auf die Charakteristik von Denkmethoden und Denkstilen an. Sind doch diese das bleibend Bedeutsame, weil sie in Förderung und Hemmung bewußtsein- und damit kulturbildend wirken. Die besonderen Ergebnisse der heutigen Naturwissenschaft verdrängen sich dagegen in derart rascher Folge, daß die Fahne des Fortschritts auf der immer höher getürmten Schädelstätte des Irrtums aufgepflanzt wird.

Das charakterisierende Bemühen des Verfassers würde man aber mißverstehen, wollte man es vor allem als den Ausdruck einer widerlegenden Absicht auffassen. Vielmehr glaubt er sich vor anderen und nicht weniger vor sich selbst durch Methode und Haltung gegen den Vorwurf geschützt zu haben, er ermangele der Achtung, welche der modernen Naturwissenschaft angesichts ihrer Leistungen und ihrer Erkenntnisart gebührt. Er vermeint, die Überzeugung, daß gerade in dieser Erkenntnisart, wenn auch vielfach verschüttet, der fruchtbare Ansatzpunkt für seine eigenen Anschauungen liege, mit dem Nachdruck bekundet zu haben, der seinem Wunsche entspricht.

Neben manchem anderen Einwand wird man schließlich auch jenen erheben können, der Verfasser bleibe den brennenden Fragen unserer Zeit allzu fern, sein Bemühen mache keine Handhaben zur Bewältigung der Probleme unseres Überlebens greifbar und überschätze sich daher, wenn es angesichts der vordringlichen Forderungen des Tages Beachtung erwarte. Hierauf glaubt der Verfasser indessen eingehend geantwortet zu haben. Denn er versuchte, die Wurzeln der Sorgen, die uns bedrängen, in einer bestimmten Denk- und Bewußtseinshaltung aufzuzeigen und auf eine andere hinzuweisen, die ihm zu deren Überwindung und Verwandlung berufen erscheint.

Noch eine Bemerkung allgemeiner Art sei gestattet. Während seiner Untersuchung hat den Verfasser das Bestreben geleitet, durch die Art seiner Darstellung einen (gewiß bescheidenen und der Vervollkommnung bedürftigen) Hinweis darauf zu geben, in welcher Form nach seiner Überzeugung die anthroposophisch orientierte Geisteswissenschaft *Rudolf Steiners* heute zu vertreten sei. Er ist sich dessen bewußt, daß die wesentlichen Fragen hierbei nicht die Vermehrung oder gar nur Zusammenfassung von Kenntnissen betreffen, wie sich diese auf den Tatsachengebieten ergeben, die von *Rudolf Steiner* in umfassender Weise neu erschlossen wurden. Vielmehr handelt es sich dabei zunächst und vor allem um das Öffnen des erkennenden Blickes für jene Weise der Sicht, die aus dem konsequenten Verfolgen der methodischen Motive der modernen Naturwissenschaft folgt. Die neue Sicht wird dann auch gewiß zu neuen Ergebnissen gegenständlicher Art führen können und müssen. Wichtiger aber ist, daß sie einen neuen Stil des Denkens und Forschens heraufzuführen und dadurch eine neue Art des Menschseins zu begründen vermag. Die Bedeutung der Anthroposophie als Tatsachenforschung soll hiermit keineswegs geschmälert werden. Auch ist nicht in Abrede zu stellen, daß ihre bereits vorliegenden Ergebnisse, als instrumentale Handhaben benutzt, zu nützlichen Erfolgen führen und eine Grundlage zutreffender Schlüsse bilden können. Eine Veränderung unseres Kulturbewußtseins, wie sie sich die Anthroposophie zur Aufgabe setzt, wird hierdurch allein jedoch nicht erreicht, sondern nur eine Dependance des alten Intellektualismus, zwar aus buntem Material, doch ohne tragfähigen Grund errichtet. Anthroposophie kann sich nicht als die Benutzung ihrer Resultate im Dienste einer ihnen fremden Anschauungsart darstellen, sondern nur als das Vordringen zu den Quellen, aus denen diese Resultate geschöpft werden können. Das Werkzeug dieses Vordringens ist die genannte Sicht, während die Rezeption und Reproduktion des nicht selbständig Gewonnenen dieses seinem Wesen entfremdet und in Zusammenhänge zwängt, welche die Entfaltung seiner echten Wirksamkeit nach Art und Grad verhindern. Wer durch Anthroposophie zu einem veränderten Bewußtsein und damit zu der kulturbildenden Kraft, deren unsere Zeit bedarf, vordringen will, kann die Beschäftigung mit ihren Ergebnissen im wesentlichen nur als Schulungsmittel betrachten. Die ordnende Zusammenstellung, plausibel machende Erläuterung, Benutzung zu Ableitungen und instrumentale Anwendung solcher Ergebnisse, mag man dadurch auch manchen Bedürfnissen einen gewiß schätzenswerten Dienst erweisen, ist jedoch bedeutungslos, wenn es sich um das Erlangen des Neuen handelt. Man kann den Erfolg, der solchen Bemühungen winkt, auch auf anderem Wege und unter größerem Beifall erreichen. Will man aber der kulturbildenden Kraft der Anthroposophie innewerden und sie sich nach dem Maß seiner Kräfte selbst zu eigen machen, dann kann man nach der Überzeugung des Verfassers in diesem Bestreben nicht anders verfahren, als sich, vor dem Inhaltlichen der Anthroposophie zunächst zurücktretend, diesem nach der Prüfung der methodischen Pfeiler, die es tragen, in neuer Weise zu nähern. Zum besseren Verständnis des Neuen, nämlich jener Weise der wissenschaftlichen und damit eine neue Praxis heraufführenden Sicht, welche das Wesen der Anthroposophie und die Essenz unserer Epoche bildet, jedoch noch zu einem echten und ausgebreiteten Selbstverständnis gelangen muß, wollte der Verfasser durch ein bescheidenes Beispiel beitragen. In solcher Erläuterung sieht er den Sinn seines Unternehmens.

Berichtigungen, Ergänzungen sowie Entgegnungen, die ihn zu einer neuen Gestaltung und genaueren Ausführung seiner Skizze ermuntern könnten, zumal diese einem viel weiteren Umkreis verstreut veröffentlichter und unveröffentlichter Untersuchungen angehört, würde der Verfasser dankbar begrüßen.

Dornach, im September 1971 *Herbert Witzenmann*

Dubius vixi, non impius,
Incertus morior, non perturbatus.
Humanum est nescire et errare,
Ens entium miserere mei.

Gelebt hab' ich als Zweifler, doch nicht gottlos,
In Ungewißheit end' ich, nicht verzweifelt.
Der Menschen Schicksal ist Nichtwissen.
Du Urgrund allen Seins, du sei mir gnädig.

Inschrift auf dem Grabstein Gideon Spickers,
Reichenau-Mittelzell[1]

1 Gideon *Spicker* (1840 bis 1912) hat durch seine Überzeugungstreue und seinen Widerstand gegen jede Art von Gesinnungsbindung Rudolf Steiner zu der Strader-Gestalt seiner Mysteriendramen angeregt. Sein wissenschaftlich-weltanschauliches Ideal kennzeichnet Spicker mit den folgenden Worten: »Eine Religion in philosophischer Form auf wissenschaftlicher Grundlage«, »Vom Kloster ins akademische Lehramt«, 1914, 15; vgl. hierzu vom gleichen Verfasser »Am Wendepunkt der christlichen Weltperiode«, 1910. Zur Grabinschrift: »Vom Kloster ins akademische Lehramt«, 193f.

I

Literarische Erinnerung

Die Mysteriendramen *Rudolf Steiners*[2] sind große Zeugnisse künstlerischer Wahrhaftigkeit. Da der Verfasser dieser Studie davon überzeugt ist, daß jene Dramen den Fragen unserer Zeit in einer Gestalt, welche die Epoche überragt, Ausdruck verleihen und Antwort geben, nehmen die folgenden Ausführungen über Vererbung und Wiederverkörperung des Geistes hier ihren Ausgangspunkt. Die nachfolgende Darstellung beruht aber, unabhängig hiervon, auf der Tragfähigkeit ihres eigenen Inhalts; sie schöpft aus der eigenen Beobachtung. An eine künstlerische Entwicklung seines Problems, wie sie *Rudolf* Steiner unternommen hat, schließt sich der Verfasser auch deshalb an, weil dieser Gegenstand wie kaum ein anderer geeignet ist, das individuelle Erleben zu bewegen. *Doktor Strader* ist eine der Hauptgestalten der Mysteriendramen. Für ihn wird die Wiederverkörperung des menschlichen Geistes zur machtvollsten Frage.

Drei Merkmale bestimmen mit Vorrang den Charakter der Mysteriendramen:

1. *Die Polarität von Auflösung und Erstarrung* durchzielt alle Gebiete des Daseins[3]. Von ihr werden alle Wesen ergriffen, mit ihr müssen sich alle auseinandersetzen, vom physischen Bereich bis zum geistigen hinauf. Jede Art von Entwicklung nimmt ihren Lauf zwischen diesen gegensätzlichen Wirkungsfeldern, sich bald mehr dem einen, bald mehr dem anderen annähernd und nur im Ausgleich dieser Tendenzen und Kräfte ihr wahres Wesen offenbarend. Die *Einmaligkeit der menschlichen Individualität* kann sich nur als die Mitte zwischen diesen Polen darstellen. Sie ist bei allem Irren in

2 Die Titel der Mysteriendramen Rudolf *Steiners* sind: »Die Pforte der Einweihung«, 1910; »Die Prüfung der Seele«, 1911; »Der Hüter der Schwelle«, 1912; »Der Seelen Erwachen«, 1913.

3 Vgl. Ph. *Matile*, Die heutige entscheidende Phase in der biologischen Forschung, Universitas 28, 5, 548: »Die charakteristische Fähigkeit der Zellen zur Anpassung und Differenzierung äußert sich im Stoffwechsel als dynamisches Gleichgewicht zwischen Bildung und Auflösung«.

ihrem Wesen doch der Weg, der sich selbst die Richtung weist, indem er die Einseitigkeiten, die ihn ablenken wollen, überwindet. Daher wird jeder Beschreiter seines Eigenweges bei erheblicher Abweichung nach der einen oder anderen Seite der Gefahr ansichtig, sich zu verlieren, und der Notwendigkeit bewußt, sich wiederzufinden. Mag er dabei auch seines Vermögens über sich selbst ungewiß sein, so ist im Grunde die Kraft, die seine individuelle Physiognomie prägt, doch dem entstellenden Einfluß ihrer Widersacher überlegen. Denn noch in der äußersten Verführung büßt das menschliche Antlitz seine Menschlichkeit nicht völlig ein und nötigt dadurch das Verführerische, sich ihm anzupassen und in immer neuen Masken aufzutreten.

2. Je bewußter wir leben, desto entschiedener entmischen sich unsere Seelenkräfte des *Denkens, Fühlens und Wollens*[4]. Diese sind zunächst so beschaffen, daß sie uns durch ihr unwillkürliches Ineinanderfließen unser subjektives Selbstgefühl verleihen. Dieses Selbstgefühl trennt unser Erleben von der Welt, die uns umgibt. Je größer aber die Veränderung ist, welche unsere Seelenkräfte durch bewußte Selbsterziehung erfahren, desto mehr steigert sich auch ihr Vermögen, sich mit den Beschaffenheiten der Dinge zu vereinigen. Sie lösen sich dadurch nicht nur voneinander los, sondern es löst sich auch das subjektive Selbstempfinden auf, das auf ihrer Vermischung beruht. Kann doch unser Denken nur dann ohne Vorurteil die Verhältnisse durchdringen, die sich ihm darbieten, wenn es sich von Vorlieben und Abneigungen sowie Erfolg begehrenden Absichten freimacht und sich allein mit

4 Die Gliederung der Erscheinungen des menschlichen Seelenlebens in Denken, Fühlen und Wollen, die auf Nikolaus *Tetens* (1736 bis 1807) zurückgeht und die ältere Zweiteilung in theoretische und praktische Seelenfunktionen ablöste, gilt seit langem als überholt. Rudolf *Steiner* hat ihr aber durch den Hinweis auf den Befund der seelischen Beobachtung neue Geltung verschafft; vgl. »Die Philosophie der Freiheit«, 1921, 144: »Das Ich lebt durch sein Denken das allgemeine Weltleben mit; es bezieht durch dasselbe rein ideell (begrifflich) die Wahrnehmungen auf sich, sich auf die Wahrnehmungen. Im Gefühl erlebt es einen Bezug der Objekte auf sein Subjekt; im Willen ist das Umgekehrte der Fall.« Damit sind die seelischen Grundverhaltensweisen als Ichakte auf die denkmöglichen und seelisch beobachtbaren Beziehungen von Ich und Welt zurückgeführt. Da es sich dabei um den Aufweis der Übereinstimmung des Denkbaren und des Beobachtbaren handelt, ist das derart einsichtig Gemachte auch nicht durch spätere Forschungen und Auffassungen überholt.

dem Wahrheitsgehalt zu vereinigen trachtet, welcher den Dingen einwohnt. Ebenso kann unser Fühlen nur dann zu einem Spiegel der Welterscheinungen werden, den keine Sympathie oder Antipathie trübt, wenn es den Vorurteilen und subjektiven Absichten den Zugang zu seinem Bereiche verwehrt. Und endlich kann unser Wollen nur dann seine volle Kraft, die keine Absicht und kein Erfolgstreben einschränkt, entfalten, wenn es alle Vorurteile sowie alle Sympathien und Antipathien abweist, um sich allein mit den Entwicklungsmöglichkeiten zu verbinden, die in den Dingen und Menschen liegen. Die Verwandlung der Vorurteile, Sympathien und Antipathien sowie Absichten, die sich aneinanderklammern und sich verknäulen, in freie Partnerschaften zu den Welterscheinungen ist gleichbedeutend mit der Verselbständigung unserer Seelenkräfte. Durch solche Verselbständigung können diese, weit davon entfernt, einander zu verlieren, überhaupt erst in einen echten Verkehr, der zu gegenseitiger Förderung führt, miteinander eintreten. Derart werden sie ihrer wahren Bedeutung immer vollgültiger gerecht. Denn nun scheiden sie sich nicht mehr von der Welt, sondern verbinden sich mit ihr. Damit ist grundlegend der Sinn des menschlichen Entwicklungsweges bezeichnet. Dieser führt, von einem unselbständig-instinktiven Zusammenhang des menschlichen Seelenlebens mit der umgebenden Welt ausgehend, über die Trennung von der Welt zur selbständigen Wiedervereinigung mit ihr. Das menschliche Seelenleben gleicht in dem unbewachten Ineinanderfließen seiner Kräfte dem »gemischten König« des *Goethe*schen Märchens, dessen Stelle in den Mysteriendramen jene Gestalt einnimmt, die den Namen des »Retardus«, des Verzögerers und Hemmers trägt. Die drei Könige des *Goethe*schen Märchens, denen in den Mysteriendramen die Vertreter bestimmter Richtungen seelisch-geistiger Schulung und Entwicklung entsprechen, sind in ihrer Selbständigkeit und ihrem Zusammenwirken die urbildlichen Vertreter der menschlichen Seelenkräfte. Erst durch die Wiedervereinigung dieser verselbständigten Kräfte zu freiem Zusammenwirken kann sich die *Vielfalt der Formen* ungehemmt offenbaren, die in unserem Seelenleben veranlagt ist.

3. Der Blick auf die Gliederung des menschlichen Wesens in einen *physischen, lebendigen, seelischen* und *ichhaften Bereich* führt eine umfassend wissenschaftliche Betrachtung zu

der Anerkennung der Ewigkeit des menschlichen Geistes. Die nachfolgende Darstellung möchte einen bescheiden skizzenhaften Beitrag zu einer solchen Anschauung des *ganzen* Menschenwesens geben. Eine solche Anschauung vermittelt die entscheidende Einsicht, daß der menschliche Geist den Weg zu seinem Entwicklungsziele, der Freiheit in Gemeinschaft mit anderen freien Wesen, nicht in einer einmaligen Verkörperung finden kann. Er bedarf dazu der Taten und Leiden wiederholter Lebensläufe. *Der Fortschritt der menschlichen Entwicklung* wird erst dann in seiner vollen Bedeutung erfaßt, wenn er als das Durchschreiten wiederholter Lebensläufe verstanden wird.

Diese drei grundlegenden Tatsachen (die Einmaligkeit der menschlichen Individualität, die Vielfalt der Formen des menschlichen Seelenlebens und den Fortschritt der menschlichen Entwicklung) hat *Rudolf* Steiner in seinen Mysteriendramen zu Prinzipien dichterischer Gestaltung erhoben. Ohne die Aufmerksamkeit auf diese drei Motive zu richten, deren konfiguratives Zusammen- und Ineinanderwirken sozusagen in jedem Worte nachweisbar ist, wird man schwerlich eine eindringende Vertrautheit mit jenen Dramen gewinnen. Dagegen tritt jede ihrer Gestalten, jedes ihrer Begebnisse und Probleme in das Licht verstehend-mitvollziehenden Erlebens, sobald sich die Beobachtung darauf richtet, in welchem Zusammenhang die sich offenbarende individuelle Einmaligkeit eines der Träger der Handlung, die Formenvielfalt seines seelischen Erlebens und der jeweils erreichte Entwicklungsfortschritt auftreten. Diese dreigliedrige Konstitution des dramatischen Geschehens und der dramatischen Darstellungsmittel ist das Geheimnis der ungewöhnlichen Ausdruckskraft und des jede einzelne Aussage durchtönenden Ausdrucksreichtums dieser Dichtungen.

Drei Hauptgestalten in den Mysteriendramen Rudolf Steiners

Besonders deutlich läßt sich die Wirksamkeit dieser drei Prinzipien in den Mysteriendramen an entscheidenden Erlebnissen jener ihrer Gestalten ablesen, die durch den Reichtum individueller Züge und schicksalhafter Beziehungen in den Vordergrund der Handlung treten. *Johannes Thomasius*, der Künstler der Farbe und des Gedankens, Professor *Capesius*, der Geisteswissenschafter und akademische Lehrer und *Doktor Strader*, der Naturwissenschafter und Erfinder machen repräsentative Erfahrungen, die in jene drei Richtungen deuten. Jeden der drei Freunde führt ein Zusammenbruch, Fausts Vernichtungserlebnis angesichts des Erdgeistes vergleichbar, an die Grenze des Ertragens, zugleich aber auch vor die Schwelle seiner höheren Entwicklung.

Johannes Thomasius kann, von dem Ansturm der Daseinsmächte ergriffen, die sich seinem Erleben der elementarischen Welt offenbaren, sein Selbstgefühl kaum vor dem Zerreißen im Widerstreit der Gegensätze bewahren, welche die Welt durchwalten. Ihre Polarität überwindend, muß er, dem Urberufe des Menschen getreu, seine wahre Individualität im Kampf um die Mitte erringen, um die Steigerung seiner Seelenkräfte, welche das Auseinanderstrebende verwandelt, vereint und im Kunstwerk der Selbstgestaltung überhöht. Er siegt in diesem Kampfe, denn er erliegt weder der Auflösung seines Wesens im allgemeinen Weltgeschehen, noch der Fesselung seiner Willenskraft an die eigene niedere Natur. Vielmehr entringt er diesen Bedrohungen die Eigenschaften, welche die Grundsäulen der Menschlichkeit bilden, die Totalexistenz des Erkennenden im Universum und die Freiheit des Handelnden als geistige Wesensgemeinschaft mit allen Menschen. Diese Säulen tragen die Einmaligkeit seiner Individualität.

Nicht weniger erschütternd gestaltet sich das Schwellenerlebnis Professor *Capesius'* als die Loslösung der Seelenkräfte, des Denkens, Fühlens und Wollens, aus ihrem unmittelbaren Ineinanderfließen. Johannes Thomasius wird durch seine Entwicklung vor das gleiche innere Erlebnis geführt. Er erfährt dieses Erlebnis als das Versiegen seiner unbewußten Schaffenskraft. Es ist die Prüfung vor dem Antlitz der Wahrheit, in welche der lautere Weg der inneren Entwicklung jeden heutigen Menschen und vor allem jeden modernen Künstler führt und von deren Ergebnis der weitere Verlauf seines Weges abhängt. Die Entflechtung der Seelenkräfte wird in den Mysteriendramen (ähnlich wie in *Goethes* Märchen) durch das Auftreten selbständiger Wesen dargestellt, welche sich in Wort und Tat als Persönlichkeiten bekunden. Denn so erscheinen die Urbilder des Denkens, Fühlens und Wollens, die in das subjektive Bewußtsein ihre oft stark verzerrten Schatten werfen, dem schauenden Bewußtsein. Dieses Bewußtsein kann durch meditative Selbsterziehung erlangt werden[5]. Hiergegen wird man vielleicht einwenden, eine solche personifizierende Verselbständigung unserer Seelenkräfte sei dem alltäglichen Bewußtsein des heutigen Menschen fremd und daher eine für dieses nicht nachvollziehbare Mythologisierung. Dies ist jedoch eine einseitige Betrachtungsweise. Können wir doch unsere Seelenkräfte nicht *nur* als Bekundungen unseres subjektiven Wesens erleben. Vielmehr vermögen wir sie auch durch bewußte Kultur, losgelöst vom Rückbezug auf uns selbst, zu Vereinigungsweisen unseres Wesens mit den Welterscheinungen umzubilden. Dies ist vor allem beim vorurteils- und voraussetzungslos erkennenden Denken der Fall. Aber auch unser Selbstgefühl können wir in das Mitgefühl fremden Erlebens und unseren absichtvollen Willen in das Verfolgen und Fördern fremden Interesses verwandeln. Hieraus ergibt sich bereits für das gewöhnliche Bewußtsein der Ausblick auf das Auftreten unserer Seelenkräfte in selbständiger, mit den Welterscheinungen verbundener (also entsubjektivierter) Wesensgestalt[6].

Diese Verselbständigung seiner Seelenkräfte wird Capesius im Mysteriendrama zur fast überwältigenden Prüfung. Denn er kann das objektive Erscheinen und Wirken dieser ihm wesenhaft vor Augen tretenden Kräfte zunächst nicht als die Bestätigung seines eigenen wahren Wesens empfinden. Vielmehr glaubt er sein besonnen urteilendes Selbst, ähnlich wie Johannes Thomasius seine künstlerische Schaffenskraft, angesichts solch ungewohnten Begegnens zu verlieren. Kann er doch seine inneren Kräfte nicht mehr wie bisher als den Besitz betrachten, der seinem Seelenleben Sicherheit verleiht. Der Vogel, den er zuvor in der Hand hielt, scheint ihm zu entfliehen, sobald er seine Schwingen zu freiem Flug entfaltet. Heute mögen nur erst wenige Menschen über eine voll ausgebildete und vollbewußte Erfahrung dieser Art verfügen, wenngleich sie sich wohl im Unterbewußten und den Ausnahmezuständen vieler ankündigt. Dennoch kann jeder, auch ohne den Blick auf eigene Erfahrung, ermessen, welche Erschütterung der Zusammenbruch des subjektiven Selbstbewußtseins für den Erlebenden bedeu-

5 Der moderne Weg dieser meditativen Selbsterziehung ist die seelische Beobachtung, welche verfolgt, wie sich in den zahllosen gegenständlichen Abschattungen eines Begriffs seine unerschöpfliche Gestaltungsmacht als übersinnliche Bildekraft offenbart.

6 Vgl. hierzu das unter »Seelische Beobachtung«, S. 139, Ausgeführte.

ten muß. Gibt dieses doch dem Inhalt unseres Seelenlebens Zusammenhalt und Eindeutigkeit. Daher läßt sich kaum eine tiefer ins Gefüge unseres Wesens greifende Krise denken, als die Einsicht, daß nur ein trügender Schleier sei, was wir bisher für die verläßlichste Stütze hielten. So weit unser Begehren diesen Zusammenbruch unseres subjektiven Selbstbewußtseins und Lebensgefühls auch von sich weisen mag, so unabweislich zeigt bereits die unbefangene seelische Beobachtung unseres Alltagsbewußtseins, daß die in ihm gleich einem »gemischten König« verknäuelten Kräfte zur Entwirrung und selbständigen Wesensbekundung veranlagt sind. Capesius, der Wissenschafter und Lehrer, muß erfahren, daß ein wahrhaft Wissender und überlegen Führender nur sein kann, wer die subjektiven Trübungen des eigenen Seelenlebens überwindet. Sein Prüfungserlebnis macht ihm ferner bewußt, daß die menschlichen Seelenkräfte sich erst nach ihrer Verselbständigung in befreiter Formenvielfalt offenbaren können.

Das Schwellenerlebnis Doktor *Straders* ist ein rein geistiges. Es betrifft das Zusammenwirken des physischen, lebendigen, seelischen und geistigen Anteils in der Wesensgliederung des Menschen und dessen jeweilige Bedeutung für die Entwicklung der menschlichen Individualität. Hiervon soll im Nachfolgenden ausführlicher gesprochen werden. Ihm als dem Techniker obliegt die Aufgabe, die Grundlagen einer menschenwürdigen Arbeitswelt zu gestalten. Für ihn ist daher das Wissen um das Wesen der menschlichen Individualität und das Erleben der geistigen Gesetzlichkeit ihrer Entwicklung die entscheidende Erfahrung. Auch sie kündigt sich ihm, ähnlich den krisenhaften Erlebnissen der Freunde, durch ein Vernichtungserlebnis an, das ihm den Hintergrund und das Wesen des menschlichen Entwicklungsfortschritts vor Augen stellt.

Unter dem Gesichtspunkte der Zahl sind zwei, drei und vier Prinzipien für die angeführten Erlebnisse charakteristisch. Unter dem Gesichtspunkte der Bereiche, denen der Mensch angehört, unterscheiden sich diese Erlebnisse im Hinblick darauf, daß der Mensch eine Leiblichkeit und allgemeine Organisation besitzt, die ihm das Zusammenleben und -wirken mit einer Umwelt als selbständige Individualität ermöglicht, ihn aber auch ihren Einflüssen aussetzt, – daß er ferner als ein seelisches Wesen einen Reichtum an Erlebnissen entfaltet, – daß er endlich als ein geistiges Wesen sich selber Gestalt gibt sowie einem Ziele entgegenschreitet, also mit dem Fortschritt seiner Entwicklung sich immer eindeutiger selbst bestimmt. Dies sind die Grundprinzipien (Einmaligkeit, Vielfalt, Fortschritt[7]), in deren Licht sich das Werdedrama des unteilbaren Einen, der menschlichen Individualität, auf der Bühne des Schicksals abspielt. Sie sind der Schlüssel zum Verständnis der Mysteriendramen Rudolf Steiners.

Straders Konsequenz und Ehrlichkeit, sein »strenger Beweis«

Strader erkennt mit der Strenge und Ehrlichkeit seines naturwissenschaftlich geschulten Denkens, daß man den Menschen im Umfang und Zusammenklang seiner Wesensglieder nur begreifen kann, wenn man ihn als ewige Individualität betrachtet, die in den wechselnden Gewändern der Leiblichkeit wiederholte Lebensläufe durchschreitet. Zwischen dem leiblichen und dem geistigen Teil des menschlichen Wesens bildet die Seele die verbindende Mitte. Die Erkenntnis von der Wiederverkörperung des menschlichen Geistes, hat für Strader die Bedeutung eines *strengen Beweises*, dem sich gerade der Denker, der sich naturwissenschaftliche Exaktheit zur Pflicht macht, nicht entziehen kann.

Die Wiederverkörperung bildet, bewußt oder unbewußt, den Hintergrund aller Erlebnisse der menschlichen Seele. Denn jedes dieser Erlebnisse ist das mehr oder minder verwandelte Auftreten eines früher Veranlagten in der »leibhaften« Situation des Augenblicks und zugleich die Vorbereitung seines erneuten und wiederum mehr oder minder verwandelten späteren Erscheinens. Jedesmal werden Gehalt und Gestalt des Menschlichen vom Strome der Entwicklung und dem Austausch der Kräfte ergriffen, um in der Einmaligkeit des Erscheinens, deren Bedingung, äußeres Bild und Vermittlungssystem die Leiblichkeit ist, sich als Wellenschlag zu erheben und im Fortgang des Geschehens und Erlebens wieder unterzutauchen. Alle menschlichen Erlebnisse sind daher Wiederverkörperungen vorbereitender Erlebnisse und selbst Vorbereitungen künftiger Erlebnisse. Das Seelische schöpft, im Unterschied zum Physischen, das durch äußere Einflüsse bestimmt wird, immer wieder aus den Vorbedingungen seines eigenen Bereiches. Daher erkennen wir in der Wiederverkörperungsstimmung die

7 Vgl. S. 22

Grundstimmung des menschlichen Seelenlebens. Bildet sich doch das menschliche Bewußtsein durch den Zusammenklang des Vergangenen und Künftigen, des Erinnerten und des Vorempfundenen in jedem Augenblick des Erfahrens. In diesem Sinne kann die Wiederverkörperung als dessen Grundlage und Grundstruktur eingesehen und als Beobachtungstatsache auch unabhängig von der Entscheidung anerkannt werden, die das erkennende Denken im Hinblick auf die Frage der Wiederverkörperung des menschlichen Geistes in wiederholten Erdenleben zu fällen hat.

Strader ringt mit diesem Problem in anderer Art als Capesius. Er ist Aristoteliker in jedem Gedanken, jedem Worte, jedem Willensakt. Capesius lernen wir dagegen als einen Denker kennen, dessen platonische Geisteshaltung dazu neigt, in ideellen Erlebnissen zu schwelgen. Die entsagende Erkenntnismoral des echten Naturwissenschafters ist gemäß ihrer aristotelischen Herkunft anders geartet. Schöpft doch die naturwissenschaftliche Denkungsart ihre beste Kraft aus dem Verzicht auf den Genuß des Glanzes, der die Idee umgibt. Ihre Erkenntnisergebnisse und -erlebnisse will diese Denkungsart allein durch die Anwendung der Idee auf die Wahrnehmungswelt gewinnen. Gerade aber eine Tatsachentreue, die sich gleichermaßen der Voraussetzung wie der Schlußfolgerung enthält, muß zur Anerkennung der wiederholten Erdenleben als Ausdruck der urbildlichen Menschenwesenheit kommen. Dies soll im Verlaufe dieser Ausführungen entwickelt werden.

Strader ist zu dieser Einsicht vorgedrungen. Er bekennt dies dem Freunde Capesius. Während aber für Capesius das erlebende Wissen um die Wiederkehr des menschlichen Erdenlebens ein beglückendes ist, wird es für Strader zur niederstrekkenden Erschütterung. Was für Capesius, seiner Wesensart gemäß, eine beseligende Erweiterung seiner Erlebniswelt ist, wird für Strader zu der Mahnung seines Erkenntnisgewissens. Vor dessen strenger Forderung kann er nur bestehen, wenn er die gewonnene Idee an den Erfahrungen des eigenen Lebens bewahrheitet, wenn er sie zum Spiegel der Selbstprüfung macht. Dadurch wird ihm die Erkenntnis über die Wiederverkörperung des menschlichen Geistes zur dritten und schwersten der Prüfungen, in die ihn sein Forscherernst führt. Sie zerschmettert sein Selbstbewußtsein, da er sie (gemessen an seinen gegenwärtigen Lebenserfahrungen) als Selbstverurteilung empfinden muß. So durchlebt auch er eine aufwühlende Krise, ähnlich jener, die den Johannes Thomasius durch den Verlust seiner künstlerischen Schöpferkraft niederwirft und auch ähnlich jener anderen, in welcher sich Capesius der Hintergrund seines subjektiven Selbstbewußtseins verstörend enthüllt. In dieser Erkenntnis- und Erlebnisehrlichkeit ist Strader das große Vorbild, das jeden wahrhaft Strebenden vor der Leichtfertigkeit warnt, deren Begehren in dem verstandesmäßigen Auffassen und gemütmäßigen Genießen geisteswissenschaftlicher Inhalte und Bilder Befriedigung findet.

Straders Lebenserfahrungen

Drei aufwühlende Erlebnisse führen Strader an die Schwelle des Versagens oder Bestehens.

Das *erste* dieser Erlebnisse ist die Begegnung mit Theodora, der Seherin: geistiges Schauen wird durch ihr Zeugnis für Strader zur Erfahrungstatsache. Er kann sich diesem Tatbestande nicht verschließen, gerät dadurch aber mit der ihm eigenen Wahrhaftigkeit und Tiefe des Erlebens in den quälendsten Erkenntniszwiespalt. Denn er vermag das Erfahrene nicht in das naturwissenschaftliche Weltbild einzuordnen, das er mit entsagender Forscherenergie gestaltet hat.

Das *zweite* dieser Erlebnisse knüpft sich an die Wesensverwandlung des Malers Thomasius. Dieser gewinnt durch die gleiche geistige Schulung, welche zuerst seine instinktive Produktivität erlöschen und ihn darüber verzweifeln ließ, seine Schaffenskraft auf höherer Stufe zurück. Wiederum wird es für Strader zur Erfahrungstatsache, daß der lebendige Geist eine schöpferische Macht ist. Denn Thomasius stellt in seiner wie neugeboren wiedererstandenen Künstlerschaft gerade dem schärfsten Beobachter den Beweis vor Augen, daß der abstrakte Bewußtseinsinhalt nur der Schatten des Geistes ist, dessen gestaltende Macht Welt und Mensch mit dem Wogenschlag des Entstehens und Vergehens durchwaltet. Dieser Erfahrung des Geistes als schaffender Kraft im Weltenwerden und Menschenleben gilt das Erkenntnisringen des Aristotelikers Strader. Nach ihr strebt er mit der höchsten Anstrengung, deren er fähig ist, doch vergeblich. Daher wird ihm jede Offenbarung geistiger Schöpferkraft, die bis ins Physische reicht, zur Qual, erscheint sie ihm doch als der Urteilsspruch, der mit der Unwiderruflichkeit und Unwiderleglichkeit des Tatbestandes über die Nichtigkeit seines eigenen Bemühens entscheidet.

Das *dritte* und für ihn schwerste dieser Erlebnisse ist der Beweis von der Wiederverkörperung des Menschengeistes. Straders eigenes Forschen ist es, das zu diesem Beweise, mit seiner Macht ringend, vordringt. Strader kann sich dieser Konsequenz seines Forschens in Treue zur naturwissenschaftlichen Denkungsart nicht entziehen. Wiederum ist der Erfahrungsgehalt dieser Erkenntnis das für ihn Entscheidende. Scheint er ihm doch das Bekenntnis abzufordern, daß ein der menschlichen Erkenntnis unerreichbares schicksalhaftes Verfügen nach dem innersten Kern seines Wesens greife. Gerade deshalb drängt sich ihm dieser Eindruck unabweichlich auf, weil ihm die Wahrheit von der geistigen Gesetzmäßigkeit, welche auf die sich folgenden menschlichen Lebensläufe übergreift, in ihrer unumstößlichen Gültigkeit vor Augen tritt. Denn zu der lenkenden Macht des menschlichen Schicksals und den Mitteln, deren sie sich bedient, scheint keine Einsicht vorzudringen. Solange sein Begreifen nicht weiter reicht, muß er sich daher als ein (im Sinne wahren Selbstverständnisses) bewußtloses Rädchen des Schicksalsgetriebes empfinden. Und diese Empfindung verstärkt sich nur durch seinen vertieften und geweiteten Einblick in die Zusammenhänge, die sein Leben bestimmen. In solcher Seelenbedrängnis erscheint seiner Unerbittlichkeit gegen sich selbst der Verzicht auf alle, ihm nunmehr sinnlos dünkende Erkenntnisbemühung der allein noch mögliche Entschluß. Drängt sich ihm doch als das Ergebnis der größten Anstrengung seines Erkennens dessen Nichtigkeit und damit der Blick in die eigene Nichtigkeit auf. In dieser Stimmung scheint ihm keine andere Wahl als die Selbstauslieferung an das Lebensräderwerk zu verbleiben, wäre doch alles Widerstreben gegen das Unabwendbare nur verächtliche Selbsttäuschung. Er sucht in einer Fabrik, wo Schrauben hergestellt werden, das Feld seiner Tätigkeit, sich selbst als ein bewußtloses Verbindungsglied innerhalb eines Zusammenhangs erfühlend, den er zwar als Tatsache anerkennen muß, aber nicht zu durchschauen vermag.

Welches ist der *strenge* Beweis, der sich Strader bei Anwendung der naturwissenschaftlichen Methode auf die menschliche Entwicklung als Forschungsobjekt ergibt?

Offenbar beruht er auf der Erkenntnis über die Eigenart der menschlichen Fähigkeiten. Diese müssen Strader als Meister in der Anwendung der naturwissenschaftlichen Methode am meisten interessieren, wenn es gilt, Aufschluß über Wesen und Entwicklung des Menschen zu gewinnen. Sie waren es, die ihn in den Erlebnissen, welche seiner Entwicklung eine Wendung gaben, am meisten erschütterten.

Über seine Fähigkeiten verfügt der Mensch zu Beginn seines Lebens in einer bereits vorgestalteten, seinem Lebensschauplatz zubestimmten Form. Die Frage nach ihrer Herkunft ist daher gleichbedeutend mit der anderen nach der menschlichen Entwicklung. Der Blick auf die Verschiedenheit menschlicher Eigenschaften und Begabungen läßt keinen Zweifel daran zu, daß die Menschen nicht als leere Tafeln, die erst der Beschriftung harren, sondern als vorgeprägte Individualitäten ihr Leben beginnen. Auch die heutige naturwissenschaftliche Wissensrichtung erkennt in dieser Vorbestimmtheit des menschlichen Fähigkeitsbesitzes Wirkungen, als deren Ursachen nicht erst die Einflüsse der jeweils gegenwärtigen Umwelt zu betrachten sind. Jene Verschiedenheiten deuten vielmehr auch im Sinne der heutigen Naturwissenschaft auf einen früheren Zusammenhang dessen, was als ihr Träger vorgestellt wird, mit vergleichbaren Umwelteinflüssen. Während aber in einer nun schon zurückliegenden Zeit sich (etwa bei Oskar *Hertwig*) geistvoller Widerspruch gegen *Darwins* Zufallstheorie als Erklärung dieser Tatsache erhoben hatte, gelten der heutigen Biologie mit wenigen Ausnahmen die Darwinschen Grundthesen gesicherter denn je. Zwar erkennen Vertreter der heutigen biologischen Forschung, wie etwa der Nobelpreisträger François *Jacob* dem Zweckgedanken insofern sein Recht zu, als nach ihrer Auffassung die Entwicklung der Lebewesen einem Plane folgt, in dessen Ausführung das Streben nach einem Ziele, nämlich die Vorbereitung eines völlig gleichen Programms für die nächste Generation zur Geltung kommt. Doch bedeutet dies keineswegs eine Abkehr von Darwins Grundanschauungen, der zufälligen Kombination und Selektion[8]. Denn die Planmäßigkeit (das Programm) und die Zielstrebigkeit (die Finalität) werden den Lebewesen von außen aufgezwungen. Das Vererbungsprogramm als Ursache und zugleich als Ziel entsteht wie alle physikalischen Ereignisse durch das Zusammentreffen jeweils zweier Glieder des Ereigniszusammenhanges, die sich wie Ursache und Wirkung zueinander verhalten. Was in dieser Weise als Sonderart des Organischen charakterisiert wird, ist nichts anderes als die Vervielfältigung der Kausalzusammenhänge, als banale Komplexität. Das Wesensmerkmal des Organischen ist also für diese Auffassung nicht die Metamorphose, d. h. das physische Erscheinen einer selbst nicht physisch erscheinenden urbildlichen Kraftgestalt in einer Vielheit ganzheitlich miteinander verbundener und im Sinne der Einheitlichkeit ihrer Abkunft verwandter Bildungen. Nur im Lichte dieser *Goethe*schen Grundidee läßt sich, wie im Folgenden weiter ausgeführt werden soll, die organische Welt in ihrem Wesensunterschied zu anderen Bereichen des Seins verstehen. Der reine Ursache-Wirkungs-Zusammenhang und die Zweckmäßigkeit (Finalität) sind ihr dagegen gleichermaßen fremd.

Den (in ihrem wesentlichen Gehalt unerschütterten) Grund-

8 François *Jacob*, Die Logik des Lebendigen, 1970, Deutsche Übersetzung 1972, 10: »An die Stelle der Absicht einer Anima tritt von nun an die Übersetzung einer Botschaft. Das Lebewesen stellt wohl die Ausführung eines Entwurfs dar, doch wurde dieser nicht von der Weltvernunft geschaffen. Es strebt nach einem Ziele, doch wurde dies von keinem Willen bestimmt. Dieses Ziel besteht darin, für die folgende Generation ein völlig gleiches Programm vorzubereiten; und das heißt sich reproduzieren.« 11: »Für jedes Individuum ergibt sich das Programm aus einer Kaskade von Ereignissen, die alle zufällig sind.« 13: »Die Veränderungen des Programms geschehen blindlings. Eine Auswahl wird erst hinterher getroffen, da jeder auftretende Organismus sofort durch die Reproduktion auf die Probe gestellt wird. Der berühmte ›Kampf ums Dasein‹ stellt letzten Endes nichts anderes dar als einen endlosen Wettbewerb um die Nachfolge, der mit jeder Generation von neuem beginnt.« 333: »Letzten Endes bestimmen immer Logik, Individualität und Finalität des Organismus über seine Bestandteile und ihre Kommunikationssysteme.« 343: »Die Existenzgrundlage aller Organisationen ... beruht letzten Endes auf den Eigenschaften der Atome, die von den elektromagnetischen Gesetzen Maxwells beschrieben werden.« 315: »Die Evolution beruht auf Unfällen, auf seltenen Ereignissen, auf Fehlern.« 316: »Kein Geist weist den Vorgängen die Richtung, keinerlei Wille schreibt Fortgang oder Stillstand vor.« 317: »Ohne Verstand, um es zu diktieren, ohne Einbildungskraft, um es zu erneuern, verändert sich das genetische Programm durch seine Verwirklichung.«

thesen Darwins gemäß stammen die jeweils höheren Organismen von prinzipiell einfacheren ab und erfolgt ihre Entwicklung unter der Wirkung des Ausleseprinzips der natürlichen Zuchtwahl im Konkurrenzkampf ums Dasein. Die Eigenschaften, welche in diesem Konkurrenzkampf entstehen, werden von den Vorfahren auf die Nachkommen vererbt. Die Übertragung des vererblichen Materials und die Auslese werden als die Ursachen dafür betrachtet, daß im Verlauf der Entwicklung Organismen auftreten, die den Daseinsbedingungen fortwährend besser angepaßt sind. Auf den nicht nur graduellen, sondern auch prinzipiellen Unterschied tierischer und menschlicher Eigenschaften wird hierbei ebensowenig geachtet wie auf den nicht nur komplikativen, sondern ontologischen Unterschied zwischen Lebendigem und Unlebendigem. Dieser reduktionistischen Einebnung der Niveauunterschiede des in spezifische Schichten gegliederten Seins versucht diese Skizze im Folgenden eine voraussetzungslose Erfassung der Tatbestände (im Sinne Doktor Straders) entgegenzustellen.

Die Grundanschauungen Darwins sind durch die spätere Forschung mit einer Fülle neuen Beobachtungsmaterials ausgestattet und wesentlich verfeinert worden. Das Prinzip dieser Verfeinerung und damit der »Erklärung« ist der Aufweis immer komplizierterer und in immer sinnenfernerem Bereich des Kleinen gelegener Erfahrungstatsachen. Dem jeweils komplizierteren und feingliederigen Tatsachenbereich wird gleichzeitig die Rolle des jeweilig Verursachenden im Verhältnis zu den in größeren Einheiten aufgegliederten Tatsachenstrukturen zugewiesen. Dabei wird meist nicht geprüft, ob es überhaupt zulässig ist, die physikalische Kausalität als einziges Ordnungsschema zu verwenden. Mag dieses dem Bereich des Anorganischen auch angemessen sein, so ist deshalb seine Verallgemeinerung auf andere Bereiche keineswegs ohne weiteres zulässig. Und in der Tat erweist sich dieses Denkschema auch nach den eigenen Befunden der heutigen Naturwissenschaft immer wieder als zu grob. Daher wird der Erkenntnisfortschritt, statt vor allem in der Prüfung der begrifflichen Mittel und der methodischen Erkenntnishaltung, in der Vervielfältigung der Beobachtungen und der Kausalzusammenhänge, die ihnen zugeschrieben werden, gesucht.

II

Das Wesen des Zusammenhanges: methodische Besinnung

Die Bewußtlosigkeit dieser ihrem Wesen gemäß fruchtlosen Jagd nach dem Unerreichlichen wird dabei nicht zur Rechenschaft gezogen. Damit aber wird das (für die biologische wie alle andere Forschung) Grundlegende übersehen, obwohl es das Nächstliegende und allem wissenschaftlichen Mühen und Streben die Richtung Weisende sein müßte. Denn es bedürfte eines nur kurzen Besinnens für die Einsicht, daß ein Zusammenhang nie mit Sinnen (oder prinzipiell in Gestalt des ihnen eigenen Wahrnehmens) erfahren werden und daß er ferner ebensowenig innerhalb des Unwahrnehmbaren als ein seiner Seinsart nach Wahrnehmbares[9] vorgestellt werden könne. Vielmehr ist die grundlegende und nächstliegende Einsicht des voraussetzungslosen Forschens, daß es stets nur das Denken ist, welches die Zusammenhänge zu erfassen vermag. Gehört es doch zum Wesen alles dessen, was unmittelbar oder unter Vermittlung von Instrumenten durch die Sinne erfahren wird, des Zusammenhanges zu ermangeln. Denn dieser ist das allein dem Denken Wesenseigene. Keinerlei Art von Vielheit, weder im räumlichen noch im zeitlichen Bereich, Trennung ebensowenig als Verbindung, Teilhaftigkeit ebensowenig als Ganzheitlichkeit ist wahrnehmbar. Wahrnehmbar ist stets nur ein als solches völlig Unbestimmtes, das aber sogleich als ein ins Unabsehbare Bestimmtes und Bestimmbares offenbart, sobald es nicht mehr *nur* wahrgenommen, sondern im Zusammenhang betrachtet, also (sei es bewußt und vorsätzlich, sei es unbewußt und unwillkürlich) mit begrifflichen Elementen verbunden und durchdrungen wird. An einem rot auf eine weiße Fläche gezeichneten Dreieck werden weder die *drei* Ecken wahrgenommen, denn

9 In der vorliegenden Darstellung werden die unmittelbaren Gegebenheiten, die sich der Beobachtung zeigen, (entsprechend der von Rudolf *Steiner* in seiner »Philosophie der Freiheit« angewandten Terminologie) »Wahrnehmungen« genannt. Hiermit wird also nicht der Vorgang der Beobachtung, sondern deren Gegenstand bezeichnet. Bedeutungsgleich damit sind in der vorliegenden Darstellung »Wahrnehmliches« und »Wahrnehmbares«.

das Zählen ist bereits eine gedankliche Operation, noch *eine* Ecke, denn diese ist bereits die begriffliche Zusammenfassung des Schnittes zweier Geraden, noch eine Gerade, denn diese ist bereits eine begriffliche Zusammenfassung ortsbefindlicher Punkte, noch ein Punkt, denn dieser ist bereits die begriffliche Bestimmung des Verhältnisses einer Ortsbefindlichkeit zu einer Fläche, noch die Farbe, denn diese ist bereits die begriffliche Bestimmung eines ganzen Wahrnehmungsbereiches, noch die Röte, denn diese ist bereits die begriffliche Bestimmung eines Teilbereiches in diesem Gesamtbereich, noch das spezifische Rot, denn dieses ist bereits die begriffliche Bestimmung eines Farbwertes im Verhältnis zu seiner Umgebung und bestimmten Erinnerungsvorstellungen. Was an einem Dreieck wahrgenommen wird, ist eine unabzählbare und unaufzählbare Vielheit von Unbestimmtheiten, die durch das Denken in unabzählbare und unaufzählbare Bestimmtheiten übergeführt wird. Dabei vertritt natürlich dieser rein begriffliche Ausdruck nicht das Wahrgenommene selbst, sondern lenkt lediglich die Aufmerksamkeit in die Richtung dessen, was wahrgenommen wird und als solches (nämlich als Unbestimmtes) nicht begrifflich bestimmt und auch nicht mit Worten zum Ausdruck gebracht werden kann.

Das Auffinden immer neuer Erfahrungsbereiche kann daher im Blick auf den Aufwand an Scharfsinn und Exaktheit gewiß bewundert, seine Nützlichkeit anerkannt werden. Werden doch auf diese Weise immer neue Zugänge für ein erfolgorientiertes Eingreifen, d. h. für die Ablenkung des Geschehensverlaufs in eine beabsichtigte Richtung, geöffnet. Gleichzeitig wird aber mit jedem dieser Eingriffe auch der Damm gegen einen Strom unabsehbarer Gefahren durchbrochen, wenn jene Maßnahmen nicht unter der Führung wirklichkeitsgemäßer (die Verschiedenheit der Seinsbereiche und ihrer Zusammenhänge berücksichtigender) Einsicht erfolgen. Was dies bedeutet, lernen wir heute im Angesicht der nahen Selbstvernichtung einsehen. Im vorliegenden Zusammenhang ist aber vor allem das gründliche Durchschauen der Tatsache von Bedeutung, daß zur Lösung der Erkenntnisaufgabe, nämlich für die Einsicht in den jeweiligen Zusammenhang, der alle Teile und Teilbereiche durchwaltet, die Bemühung um eine Vermehrung der beobachtbaren Einzelheiten allein nichts beiträgt.

Man wird erwidern, daß diese Feststellung keinen echten Wissenschafter treffe, daß sie vielmehr in der hier auftretenden

Form lediglich ein Zeugnis mangelnder Kenntnis sei. Denn mit dem Ertrag der Beobachtung und ihrer instrumentalen Hilfsmittel stelle sich dessen Ordnung und Erklärung als die eigentliche Forschungsaufgabe. Eine solche Entgegnung wäre das gründlichste Mißverständnis der hier vertretenen Anschauung. Denn diese will ja gerade auf das Erkenntnisproblem hinweisen, das sich angesichts des gesammelten Tatsachenmaterials ergibt. Setzt man voraus, daß die Zusammenhänge der Dinge im gleichen Sinne vorhanden sind, wie die der direkten oder indirekten Beobachtung zugänglichen wahrnehmlichen Bestandteile der Zusammenhänge, dann folgert man voraussetzungsgemäß, wenn man methodisch festlegt, es bedürfe allein der richtigen Zusammenstellung jeweils zweier Beobachtungstatsachen (in beliebig fortschreitender Komplikation nach dem Kausalschema), um den Sachverhalt richtig zu beschreiben. Mit dem Gegenstandsgewinn durch die Beobachtung ist also im Sinne dieser Voraussetzung auch die jeweils in Rede stehende Wirklichkeit bereits vollständig erfaßt, und es bedarf nur der Bewußtmachung der in und mit dem Beobachteten gegebenen Kausalzusammenhänge und ihres Aussprechens, um der methodischen Forderung zu genügen und die wissenschaftliche Aufgabe zu lösen. Man übersieht dabei aber (neben anderem, auf das an dieser Stelle nicht eingegangen werden kann) völlig, daß Gegenständlichkeit und Zusammenhang, Wahrnehmung und Begriff durch grundlegend verschiedene Operationen unseres Geistes erreicht und ihrem Seinscharakter nach nicht als gleichartig gedeutet werden dürfen.

Menschliche Organisation und Wirklichkeit

Man kann hier abermals (unter dem Einfluß des *Kantianismus*) einwenden, es handle sich dabei nicht um Unterschiede im Sein, in den wirklichen Dingen, sondern nur um solche, die der Beschaffenheit unseres Geistes angehören. Wir würden also (dieser Anschauung gemäß) unsere subjektive Konstitution der Wirklichkeit »an sich« aufprägen. Dieser Einwand enthält (trotz seiner abwegigen Voraussetzung) insofern etwas Berechtigtes, als es in der Tat nicht eine Angelegenheit der Wirklichkeit, sondern eine solche des Menschen ist, daß ihm diese (auf Grund seiner Organisation) zunächst durch zwei getrennte Operationen (Denken und Beobachtung) zum Bewußtsein kommt. Was sich diesen Operationen als Getrenntes darstellt, schließt sich aber im Erkenntnisakt zu einer Einheit, zur dann erst vollständigen Wirklichkeit zusammen. Dagegen ist es eine willkürliche Annahme, daß es sich dabei nicht um eine Dekomposition der vorerkannten und um eine Rekomposition der erkannten Wirklichkeit, sondern um deren sie völlig verdeckende Repräsentation durch nur subjektiv menschliche Bewußtseinsinhalte handle. Die Willkürlichkeit dieser Annahme ergibt sich daraus, daß uns außer Wahrnehmungen und Begriffen, mittels deren wir den Zusammenhang des Wahrnehmlichen erfassen, nichts gegeben ist. Beide Bestandteile sind uns aber auf ganz verschiedene Weise gegeben, nämlich das Wahrgenommene ohne unser Zutun und ohne Zusammenhang, die Gebilde des Denkens, die Begriffe, dagegen durch unsere Denktätigkeit und mit dem Zusammenhang, den sie durch sich selbst, ohne Hinzufügung eines weiteren Elementes besitzen. Stellt man nun die unserem Bewußtsein unzugängliche Wirklichkeit »an sich« als ein Sein vor, das uns ohne unser Zutun gegeben ist, dann denkt man sie als unwahrnehmbare Wahrnehmung[10]. Stellt man diese unwahrnehmbare Wahrnehmung gleichzeitig als Zusammenhang vor, dann denkt man sie als unbegriffenen Begriff. Reduziert man dagegen die volle Wirklichkeit auf ihren begrifflichen Bestandteil, stellt man sie also, wie es der einseitige Idealismus tut, nur als Zusammenhang vor, dann denkt man gleichzeitig den Zusammenhang, insofern er doch die wahrnehmlichen Bestandteile der Wirklichkeit mitumfassen muß, als zusammenhanglos und die Tätigkeit des Denkens als ein Untätiges.

Ohne unzulässiger und sich in den äußersten Widerspruch verstrickender Voraussetzung zu verfallen, können wir daher allein anerkennen, *was* uns gegeben ist und *wie* es gegeben ist. Tun wir dies, dann zeigt sich uns sogleich, daß uns die volle Wirklichkeit zunächst in zwei voneinander getrennten Bestandteilen, dem Wahrgenommenen und dem Begriff, entgegentritt, daß wir ferner dieser beiden Bestandteile durch ganz verschiedene Operationen unseres Geistes inne werden, daß wir sie des weiteren in unseren Erkenntnisakten vereinigen und daß wir endlich erst nach ihrer geglückten Vereinigung im Besitze der vollen Wirklichkeit sind. Aber auch dann, wenn man dies zuge-

10 Vgl. Rudolf *Steiner*, »Die Philosophie der Freiheit«, »Gibt es Grenzen der Erkenntnis«

steht, muß man sich von neuem vor einer unzulässigen Voraussetzung hüten, nämlich derjenigen, daß es nur *eine* Art dieser Vereinigung von Wahrnehmung und Begriff gebe, wie dies z. B. die Reduktion aller Zusammenhänge auf die Kausalbeziehung tut. Die Voraussetzung, daß alle Zusammenhänge Kausalzusammenhänge seien, ist natürlich unzulässig, solange sie nicht durch eine Untersuchung des Erkenntnisproblems anhand der Beobachtung des menschlichen Denkverhaltens erwiesen ist.

Das Erfolgsprinzip als Erkenntnisübel

Im Sinne dieser Überlegungen ist daher zu betonen, daß das Aufspüren und Sammeln von Erfahrungstatsachen nur die Wahrnehmungsgrundlage kompliziert, die im Erkenntnisvorgang zu durchdringen wäre. Über den Erkenntnisvorgang selbst ist aber durch die freigelegten Tatbestände nichts vorentschieden, wie dies eine Erkenntnishaltung voraussetzt, die ihre Aufgabe durch die Anordnung der Beobachtungsergebnisse nach dem Ursache-Wirkung-Schema zu erfüllen glaubt. Vielmehr müßte die wahrnehmungs-, also gegenstandgerechte Erkenntnisart erst durch ein auf den Erkenntnisvorgang selbst gerichtetes Ermittlungsverfahren gefunden werden.

Einem solchen Vorgehen stehen nicht nur seit langem eingewurzelte Vorurteile, sondern auch eines der größten Übel unserer Zeit entgegen. Diese huldigt nämlich dem Erfolg, der nicht unter übergeordneten Gesichtspunkten, sondern rein quantitativ beurteilt wird, indem man seine Größe, also die Veränderung des vorausgehenden Zustandes mit dem Maßstab der für diese Veränderung eingesetzten Mittel mißt. Da die Untersuchung des Erkenntnisvorganges nichts zur Durchsetzung der erfolgorientierten Absichten, denen es vor allem auf die Freilegung von Ansatzpunkten für Eingriffe ankommt, beizutragen scheint, wird dieses methodische Bemühen meist als lebensfremde »Philosophie« abgewiesen und diffamiert. Wozu diese Verleugnung des eigentlich Menschlichen, der Verständigung des erkennenden Menschen mit sich selbst, und der damit verbundene Verlust der Übersicht über eine sich immer höher anhäufende Tatsachenmenge führt, soll anhand des hier zu entwickelnden Beispiels dargetan werden. Von vornherein aber könnte es deutlich sein, daß kein Tatsachenbereich als solcher den anderen erklären und die Alleingültigkeit des Kausalzusammenhanges nicht als selbstverständlich vorausgesetzt werden kann, daß vielmehr die Anordnung der einzelnen Tatsachen und Tatsachenbereiche zu einer Reihe mit Hilfe der Kausalvorstellung so lange fragwürdig ist, als die Anwendbarkeit des Kausalbegriffs nicht an den Tatsachen selbst geprüft wurde. Daß bei der unentwegten Alleinanwendung des Kausalbegriffs überall ihm entsprechende Tatsachenzusammenhänge freigelegt werden und mit seiner Hilfe bestimmte Erfolge erzielt werden können, ist kein Beweis dafür, daß auf diese Weise die Gesamtwirklichkeit ergriffen und begriffen wird, und kein Beweis gegen die Möglichkeit, unter Anwendung anderer Begriffe in andere Wirklichkeitsbereiche vordringen zu können. Außerdem ist damit keine über die Bemessung des Abstandes zwischen der Ausgangs- und der Erfolgslage hinausgehende Bewertung des Erreichten gegeben. Könnte doch nur aus der Überschau über alle Dimensionen der Wirklichkeit die Entscheidung darüber gefällt werden, welcher dieser Dimensionen ein Ding oder Prozeß angehört und dementsprechend, welche Begriffe und Begriffszusammenhänge ihnen einerseits angemessen sind, anderseits dem Erkenntnisakt sein gegenstandsspezifisches Gepräge geben müssen. Allein unter diesem Gesichtspunkt der Gegenstandstreue kann das Streben nach einer Ausweitung des Beobachtungsumfangs wirklichkeitsgemäß gelenkt und können die aufgefundenen Tatsachen richtig geordnet und gewertet werden.

Die Realisierung

Durch den Mund Wilhelm Meisters gibt *Goethe* der hier vertretenen Überzeugung Ausdruck: »Nachdem ich etwas erfahren hatte, kam es mir erst vor, als ob ich gar nichts wisse, und ich hatte recht: denn es fehlte mir der Zusammenhang, und darauf kommt doch eigentlich alles an.« Das Vorurteil aber, den Zusammenhang in allen Fällen mit dem einförmigen, hinsichtlich seiner Zuständigkeit ungeprüften Schema der Kausalität erfassen und überdies den Kausalzusammenhang in der Seinsart des Wahrnehmlichen vorstellen zu können, vermag sich auf keine stützende Grundlagenerkenntnis zu berufen. Jenes Vorurteil ist dazu um so weniger in der Lage, als die kausalgenetische Betrachtungsweise innerhalb der legitimen Grenzen ihrer Sicht unanzweifelbare Ergebnisse aufweisen kann, die eben durch ihre Bekundungskraft die Aufmerksamkeit von all jenen anderen Einsichten ablenken, welche erst die Bedeutung und Rangordnung dieser Ergebnisse bestimmen würden.

Das menschliche Erkenntnisverhalten und -verfahren muß daher selbst zum Gegenstand einer Untersuchung nach naturwissenschaftlicher Methode gemacht werden, wenn diese konsequent angewendet wird. Die naturwissenschaftliche Methode kann das menschliche Erkennen nicht aus ihrem Untersuchungsbereich ausschließen. Keine Erkenntnis ist vollständig, die nicht ihr eigenes Verfahren mit umfaßt. Aus den nachfolgenden Ausführungen wird sich ergeben, daß hiergegen nicht eingewendet werden kann, es sei seit *Gödel* bekannt, daß ein logisches System zu seiner eigenen Beschreibung nicht ausreiche. Vielmehr dürfte es von vornherein unanzweifelbar sein, daß keine Erkenntnis als gesichert gelten kann, solange ihre Grundlagen nicht einer voraussetzungslosen Untersuchung unterzogen wurden. Hier liegt Straders Ausgangspunkt.

Durch die einseitige Anwendung des Kausalprinzips hat sich in der heutigen Wissenschaft die Erfolgstendenz durchgesetzt. Die Voraussetzung, daß die Verursachung durch das Zusammentreffen von Zuständen und Ereignissen die einzige Form des Zusammenhangs sei, und die Bewertung des Erfolgs als Maßstab für alle Veränderungen beeinflussen sich gegenseitig. Sie geben der gleichen Bewußtseinshaltung Ausdruck und rufen sich gegenseitig hervor. Denn bei der Anwendung des Kausalprinzips blickt man auf die Erfolge der Ursachen. Und bei der Frage nach dem Erfolg zieht man den Unterschied zwischen der verursachenden Ausgangs- und der bewirkten Endsituation eines Prozesses in Betracht. In den Kausalzusammenhängen und deren Erfolgen glaubt man als Erkennender der Wirklichkeit inne zu werden, soweit diese dem Menschen überhaupt zugänglich ist. Und einem erfolgreichen Handeln spendet man Beifall, weil man es für wirklichkeitsgemäß hält und es daher, wie man vermeint, dem Bereiche angehört, innerhalb dessen sich allein Förderliches erreichen läßt.

Gemäß dieser Anschauung sind wir als Erkennende nur Zuschauer der wirklichkeitsbildenden Vorgänge, die sich als Verkettung von Ursachen und Wirkungen darstellen. Als Handelnde sind wir Vollstrecker der Voraussetzungen, die in der Außenwelt und unserem eigenen Organismus schon festliegen, bevor wir handeln. Diese Vorstellungen lassen die Tatsache der Verwirklichung, die sich im menschlichen Erkennen durch die

Verbindung von Wahrnehmung und Begriff abspielt, unberücksichtigt und lenken die Aufmerksamkeit von ihr ab. Die Wirklichkeit ist jedoch für den bewußten und erkennenden Menschen nicht ein Sachverhalt und Geschehensablauf, welcher ihm die Rolle des Zuschauers und Vollstreckers zuweist. Als Erkennender kann sich der Mensch der für ihn entscheidenden Tatsache bewußt werden, daß er mit den wirklichkeitbildenden Kräften nicht als Erleidender, sondern als Täter verbunden ist. In jedem Augenblick seines bewußten Lebens ist er ein Verwirklicher. Mit dem kleinsten Ding wie mit der umfassendsten Erfahrung, mit einem Staubkorn wie mit dem Himmelsgewölbe ist er, insofern er ihrer bewußt ist, durch Mittätigkeit verbunden. Die Realisierung ist seine große Möglichkeit und Aufgabe. Auch vor genauerer Untersuchung ist es daher ersichtlich, daß ein Zuschauer und Vollstrecker mit anderen Stimmungen im Leben steht als ein Verwirklicher, daß sich die Quellen und Ziele ihres Handelns grundlegend voneinander unterscheiden, daß ihre Umwelten durch ihr Erfahren und Verhalten ein weit voneinander abweichendes Gepräge empfangen. Der größte »Erfolg«, den der Mensch zu erringen vermag, ist das immer weiter fortschreitende Bewußtsein der Realisierung, die ihm durch sein Wesen aufgegeben ist, und das Handeln aus diesem Realisierungsbewußtsein.

Die Bildung des Erbmaterials und der Vererbungsvorgang nach den Anschauungen der heutigen Biologie

Vor einer genaueren Untersuchung des menschlichen Erkenntnisverhaltens dürfte aber im Sinne der Aufgabenstellung dieser Schrift ein Blick auf die heutigen Vorstellungen über die Vorprägung der menschlichen Eigenschaften und Fähigkeiten nützlich sein[11].

Nach dem Stand der heutigen Forschung eignet, abgesehen von eineiigen Zwillingen, jedem Menschen, auch im biologischen Sinne, eine unverwechselbare, kein zweites Mal vorfindliche Individualität. Anderseits sind alle Menschen miteinander verwandt, da nach etwa 33 Generationen die Zahl der Vorfahren die Zahl der lebenden Menschen übertrifft. Die biologische Einmaligkeit ist nach der Anschauung der heutigen Biologie

11 Vgl. hierzu z. B. Studium Generale, 24. 2. 1971.

durch die vererbliche Grundlage und die Einflüsse der Umwelt (Klima, soziale Verhältnisse, Erziehung) in vollem Umfange bestimmt. Die individuelle physische Verschiedenheit ist von Gruppeneigentümlichkeiten unterschiedlicher Größenordnung überlagert. Diese bauen sich von den Familieneigentümlichkeiten über die Eigentümlichkeiten größerer Bevölkerungsgruppen (man unterscheidet heute 34 menschliche Rassen [Dobszansky]) bis zur menschlichen Gattungseigentümlichkeit auf. Die Erbanlagen sind materiell greifbar in den kettenförmigen Molekülen der Desoxyribonukleinsäure (DNS). Sie sind der Träger der individuellen, doch erbgängig bestimmten »Information« des jeweiligen menschlichen Organismus[12]. Ein menschlicher Zellkern enthält 7 Milliardstel Milligramm DNS gegenüber den 70 Millionen Milligramm eines 70 kg wiegenden Menschen. Die Gene aller lebenden Menschen könnten in einem Fingerhut Platz finden. Der Größenabstand vom diploiden Chromosomensatz zur physischen Masse der Menschheit entspricht, ausgedrückt im Vielfachen der jeweiligen Einheit, etwa jenem der Menschheit zur Milchstraße (nach Lenz-Grzeschik)[13]. Trotz dieser unvorstellbaren Kleinheit der genetischen Informationssubstanz eines menschlichen Individuums ist diese dennoch sehr kompliziert aufgebaut. Die genetische Information einer einzigen Zelle umfaßt mehrere Milliarden von Einzelgliedern. Die im Zellkern enthaltenen fadenförmigen Chromosomen sind Knäuel eines viel feineren Fadens, der seinerseits wiederum aus dem noch viel dünneren »Lebensfaden« der doppelten DNS-Helix (Doppelwendel) aufgewunden ist. Diese derart kompliziert aufgebauten Chromosomen werden heute als die Träger der Erbanlagen betrachtet. Auf jeden Menschen werden durch seine Eltern je 23 dieser Chromosomen in Samenzelle und Eizelle übertragen. Ihre Zahl und Form ist, wenn

12 Jacques *Monod*, Le hasard et la nécessité, 1970, deutsche Übersetzung 1971, unter dem Titel »Zufall und Notwendigkeit«, 63: »Einige DNS (Desoxyribonukleinsäure)-Strukturen spielen eine als teleonomisch anzusehende Rolle. Daneben bilden einige RNS (Ribonukleinsäuren) die wichtigsten Teile des Mechanismus, der den genetischen Code übersetzt ... Es sind jedoch auch spezifische Proteine in jene Mechanismen verwickelt, die auf fast allen Stufen Wechselwirkungen zwischen Proteinen und Nukleinsäuren ins Spiel bringen.« Monod ist Direktor des Instituts Pasteur; er erhielt im Jahre 1965 zusammen mit André Lwoff und François Jacob den Nobelpreis für Medizin.

13 Die Anwendbarkeit der dabei benutzten Größen- und Gewichtsvorstellungen soll hier nicht diskutiert werden.

keine krankhaften Veränderungen vorliegen, bei allen Menschen gleich. Die in den Erbanlagen, den Genen enthaltene Information verdoppelt sich bei jeder Zellteilung. Sie stellt daher den immer wieder durch die Vererbung übertragenen Bauplan des physischen Menschenleibes dar[14].

Die biologischen Verschiedenheiten, die sich in dieser Sicht abzeichnen, werden ursprünglich durch die plötzlichen Veränderungen der Gene, sogenannte Mutationen, hervorgerufen. Die Mutationen werden durch die Selektion auf ihren Lebenswert »geprüft«, d. h. sie setzen sich dann durch, wenn sie dem Überleben der Art dienen. In diesem Falle werden sie dem »genetischen Programm« »eingefügt« und an die folgenden Generationen »weitergegeben«. Durch die Mutationen können nicht nur äußerlich erkennbare Merkmale, sondern auch alle Organe und deren Funktionen verändert werden.

Die Vorgänge, die sich bei der Bildung des Erbmaterials abspielen, sind, was die Beobachtungstatsachen anlangt, durch die moderne Biologie mit bewunderungswürdiger Sorgfalt erforscht worden. Die Desoxyribonukleinsäure (DNS) ist der Träger der Vererbungs-»Information« (des »genetischen Code«) in der ganzen belebten Natur; das Prinzip des Vererbungsvorgangs ist also in seinen Grundzügen universell[15]. Wenn die vererbliche Substanz auch in zahlreichen Variationen auftritt, so handelt es sich, nach dem Stande der heutigen Biologie, beim Vererbungsgeschehen doch stets um das gleiche grundlegende Ereignis, nämlich die Bildung von Makromolekülen aus den gleichen kleinsten Bestandteilen, zwanzig Aminosäuren und vier Arten von Nukleotiden in der Anordnung des »genetischen Code«.

14 F. *Jacob*, a. a. O., 191: »In der Evolutionstheorie erhält das, was ausgewählt wurde, die Permanenz der Vererbung.«

15 Man nimmt heute an, daß die Übertragung beständiger Gebilde bereits in der chemischen Evolution beginnt, welche der biologischen Evolution vorhergeht. H. *Rahmann*, Die Entstehung des Lebendigen, 1972, 92: »Vieles spricht dafür, daß auch zur Zeit der chemischen Evolution das Prinzip von *Variation, Selektion und Stabilisierung*, wie es Darwin für den Ablauf der organischen Entfaltung proklamiert, bestanden haben muß. Hierbei soll unter Variation die unaufhörliche Bildung neuer chemischer Verbindungen verstanden werden, wobei durch das Wirken natürlicher chemischer Ausleseprozesse nur die strukturbeständigsten Verbindungen im stetigen Wechselspiel chemischer Umsetzungen übrigblieben. Offenbar wurden dann zum Aufbau der lebenden Materie nur diese selektionierten, relativ stabilen Verbindungen ausgewählt.«

Die Nukleotide sind die kleineren Einheiten, aus denen diese Makromoleküle (durch Polymerisation) gebildet werden. Die Nukleotide bestehen aus einer stickstoffhaltigen Base, einer Zuckerart und Phosphorsäure. In der DNS kommen vier Nukleotide vor, die sich durch den Aufbau der Basen unterscheiden. Die vier Basen werden gewöhnlich mit den Anfangsbuchstaben ihrer chemischen Bezeichnungen (Adenin, Cytosin, Guanin, Tyrosin) A, C, G und T angeführt. Man nennt sie die »Buchstaben des genetischen Alphabets«. Bei den biologischen Vorgängen verbindet sich A mit T, C mit G.

Die Tatsache dieser Verbindung, der sich dabei abspielende Vorgang und die ihn bewirkenden Kräfte werden durch die heutige biologische Forschung als solche festgestellt. Hierbei ist (entsprechend den vorausgehenden Ausführungen)[16] im Auge zu behalten, daß für diese Art der Feststellung zwei Vorstellungen charakteristisch sind: 1. die betreffenden Vorgänge werden als physiko-chemische Geschehnisse, d. h. als reine Ursache-Folge-Beziehungen betrachtet, es wird also an ihnen nur das ins Auge gefaßt und als wirklich anerkannt, was unter dieser methodologischen Voraussetzung erfaßbar ist; 2. der Geschehensablauf und Kräftezusammenhang wird in seinem Seinscharakter als wahrnehmbar, also als eine Gegebenheit aufgefaßt, die sich dem Erkennenden ohne sein Zutun darbietet und als solche von ihm vorgefunden werden kann; hierbei wird ebenfalls nur das Wahrnehmbare, das innerhalb einer Folge von Vorgängen, also innerhalb eines Zusammenhanges vorkommt, als wirklich betrachtet. Es wird also übersehen, daß der jeweilige Vorgang und Zusammenhang selbst nicht wahrgenommen oder im Unwahrnehmbaren als wahrnehmbar vorgestellt werden kann, daß es sich also hier vielmehr um Bestandteile der Wirklichkeit handelt, die für den Erkennenden nur in seiner eigenen Denkbewegung faßbar werden. Die Tatsache der Realisierung, die im Erkenntnisprozeß stattfindet, wird nicht in Betracht gezogen.

Die DNS wird durch zwei Polynukleotid-Stränge gebildet. Diese sind durch die genannten Bindungen verknüpft, welche zwischen den Basen der Nukleotide bestehen, also durch den Zusammenhang der aufeinander abgestimmten Basenpaare. Da gemäß den dabei maßgeblichen spezifischen Beziehungen in dem Doppelstrang der DNS das A des einen Strangs mit dem

16 Vgl. S. 35ff.

T des anderen Strangs, das C mit dem G, das T mit dem A und das G mit dem C vereinigt ist, sind die beiden Stränge komplementär. Die so entstehende Doppelwendel kann sich aus allen möglichen Folgen dieser Paare zusammensetzen. Ihre Länge kann also sehr erheblich voneinander abweichende Werte annehmen. Tritt nun der Vererbungsvorgang, d. h. Übergang des Erbgutes auf einen andern Träger ein, dann erfolgt dieser Prozeß prinzipiell in der Form der Wiederholung. Der Ereignisablauf ist dabei der folgende: Die beiden Hälften des ursprünglichen Vererbungsträgers, der ja die Struktur eines Doppelstranges hat, trennen sich; darauf werden die komplementären Stränge durch Anlagerungsvorgänge neu gebildet. Die beiden auf diese Weise entstandenen Doppelstränge enthalten je einen Strang des Mutterstranges sowie einen neugebildeten Strang. Sie sind ebenso aufgebaut wie der Mutterstrang; die drei Stränge unterscheiden sich also in ihrer Struktur nicht voneinander.

Veränderungen des Erbgutes, die Mutationen, entstehen nach der Auffassung der heutigen Biologie ausschließlich durch »Unfälle«, die sich in dem mikroskopischen Geschehensbereich abspielen. Der Hergang solcher »Unfälle« wurde bereits in seinen Hauptzügen erforscht. Man kennt »Mutagene«, d. h., Mittel, bei deren Anwendung die Häufigkeit dieser »Unfälle« ansteigt. »Unfälle« sind die Bildungen von Basenpaaren, welche vom Erb-»Programm« abweichen, die Beseitigung sowie die Hinzufügung eines oder mehrerer Nukleotide. Chemikalien, Röntgen- und kosmische Strahlen leiten solche Vorgänge ein. Eine Beeinflussung des Erbgutes durch mikrobiologische Eingriffe liegt daher in Reichweite der Maßnahmen, welche zum Erwägungsbereich der heutigen Biologie gehören. »Vielleicht wird man eines Tages auf die Durchführung des genetischen Programms Einfluß ausüben können, ja sogar auf seine Struktur, um gewisse Fehler zu verbessern und zusätzliche Elemente einzufügen. Vielleicht wird man auch nach Willen in gewünschter Anzahl genaue Kopien eines bestimmten Individuums, eines Politikers, eines Künstlers, einer Schönheitskönigin oder eines Athleten produzieren können. Nichts hindert daran, schon jetzt auf die Menschen dieselben Selektionsmethoden anzuwenden, die für Rennpferde, Laboratoriumsmäuse oder Milchkühe gebräuchlich sind. Zuerst müßte man jedoch die genetischen Faktoren kennen, die derart komplexe Qualitäten bestimmen wie Originalität, Schönheit oder physische Ausdauer. Vor allem wird man sich auf die auszuwählenden Kriterien einigen müssen«[17].

Durch die hier gegebenen Hinweise ist der Vererbungsvorgang freilich nur in sehr groben Umrissen beschrieben. Ihm gehören noch eine Reihe hier nicht berücksichtigter Hilfs- und Begleitvorgänge an, ohne deren Mitwirkung die Bildung und Anlagerung der Bestandteile nicht erfolgen kann, welche die nach der Teilung des Doppelstranges der DNS vereinzelten Stränge wieder zu Doppelsträngen ergänzen. Das Ausgeführte dürfte aber geeignet sein, eine Vorstellung davon zu vermitteln, wie weit die heutige Biologie in die Feinstruktur der lebendigen Substanz und die Verwebung ihrer Bildeprozesse vorgedrungen ist. Sie setzt ihre Forschungsbemühungen mit unermüdlichem Eifer in dieser Richtung fort und wird bald viele der heute noch unzugänglichen Probleme in ihrem Sinne gelöst haben, um damit vor neuen Problemen zu stehen.

Der mechanistische Zweckbegriff der heutigen Biologie

Die Frage, welche die heutige Biologie angesichts der Bildung des Erbgutes, seiner Veränderung und der durch diese bewirkten Vielgestaltigkeit erhebt, betrifft deren Zweck. Dieser »Zweck« der Evolution wird rein quantitativ als das Überleben der größten Zahl gedeutet. Die Frage nach dem Zweck wird also im Sinne und Stile der mechanistischen Vorstellungsweise gestellt. Auf deren Hauptmerkmal wurde im Vorausgehenden bereits hingewiesen[18]. Jene Vorstellungsweise kann als die Vereinigung von Vorstellungen charakterisiert werden, die sich durch die physikalische Verengung der naturwissenschaftlichen Forschungsart ergeben, mit Vorstellungen über das menschliche Handeln, dessen Sinn und Wert in den zu quantitativ meßbaren Erfolgen führenden Absichten gesehen wird. Daß es sich hierbei um ein mechanistisches Denkschema handelt, erkennt man sofort, wenn man den Blick auf das Wesen des Mechanismus richtet. Ein Mechanismus ist ein System von Ursachen und Wirkungen und deren Trägern, das durch menschliches Planen und Handeln so zusammengestellt wurde, daß es zum Zwecke der Bewerkstelligung eines bestimmten Erfolges, der die Ursa-

17 François *Jakob*, Die Logik des Lebendigen, 342.
18 Vgl. S. 31f.

che und zugleich die Wirkung seiner Planungsgrundlage ist, in Funktion treten kann. Genau so stellt der heutige Biologe einen Organismus vor, mit der einzigen, allerdings entscheidenden Ausnahme, daß er an die Stelle des bewußten Plans den völlig bewußtlosen Zufall setzt. »Zufall« bedeutet hier das Zusammentreffen von Gegebenheiten, die sich zueinander wie Ursachen und Wirkungen verhalten. Zufall ist ferner die fortschreitende Anreicherung der Kombinationen von Ursachen und Wirkungen in den lebendigen Gebilden, wobei diese fortschreitend kompliziertere Anreicherung in Richtung des ihnen von außen aufgedrängten »Zweckes«, nämlich jenem des »Überlebens« wirksam wird. Würde eine solche Kombination diesem Zwecke nicht dienen, dann würde sie nicht »überleben«, d. h. durch andere Ursache-Wirkung-Kombinationen verdrängt werden. Unter Zuhilfenahme des Zufallbegriffs vereinigt also die mechanistische Biologie physikalische und anthropomorphe Vorstellungselemente unter dem Gesichtspunkte des Erfolgs.

Eine derartige Grundlagen- und Methodenbestimmung der Biologie ist die notwendige Konsequenz der Darwinschen Zufallstheorie. Diese methodologische Entscheidung liegt daher überall dort vor, wo in der Erkenntnishaltung dieser Theorie geforscht wird, wenn dies auch nicht überall so rücksichtslos unverhüllt zum Ausdruck kommt wie in den folgenden Ausführungen Jacques *Monods*: »Die Objektivität ... zwingt uns ..., den teleonomischen[19] Charakter der Lebewesen anzuerkennen und zuzugeben, daß sie in ihren Strukturen und Leistungen ein Projekt verwirklichen und verfolgen. Hier ist also zumindest scheinbar ein tiefer erkenntnistheoretischer Widerspruch[20]. Das zentrale Problem der Biologie ist eben dieser Widerspruch, der als ein nur scheinbarer aufzulösen oder, wenn es sich wirklich so verhält, als grundsätzlich unlösbar zu beweisen ist«[21]. »Der Organismus ist eine Maschine, die sich selbst aufbaut. Seine mikroskopische Struktur wird ihm nicht durch das Eingreifen äußerer Kräfte aufgezwungen. Er bildet sich autonom,

19 d. h. zweckbestimmten

20 Denn diese »Objektivität« fordert angeblich »die *systematische* Absage an jede Erwägung, es könne zu einer »wahren Erkenntnis führen, wenn man die Erscheinungen durch eine Endursache, d. h. ein ›Projekt‹ deutet«, a. a. O., 30.

21 A. a. O., 30f.

durch innere[22] Wechselwirkungen, die dem Aufbau dienen. Obwohl unsere Kenntnisse vom Mechanismus der Entwicklung mehr als unzureichend sind, kann man doch jetzt schon sagen, daß der Aufbau sich durch mikroskopische molekulare Wechselwirkungen vollzieht und daß die betreffenden Moleküle im wesentlichen, wenn nicht sogar ausschließlich Proteine sind«[23].

In dieser Weise werden über Zusammenhänge, von denen man fast nichts weiß, apodiktische Aussagen gemacht. Neben solchen autoritären Aussagen finden sich aber im gleichen Zusammenhang auch Sätze, wie die folgenden:

»Bei dem Gedanken an den gewaltigen Weg, den die Evolution seit vielleicht drei Milliarden Jahren zurückgelegt hat, an die ungeheure Vielfalt der Strukturen, die durch sie geschaffen wurden, und an die wunderbare Leistungsfähigkeit von Lebewesen – angefangen vom Bakterium bis zum Menschen – können einem leicht wieder Zweifel kommen, ob das alles Ergebnisse einer riesigen Lotterie sein können, bei der eine blinde Selektion nur wenige Gewinner ausersehen hat«[24]. Noch verstärkt wird dieses Eingeständnis durch das folgende Bekenntnis: »Die Grenzen der Erkenntnis liegen für mich an den beiden äußersten Punkten der Evolution, das ist einerseits der Ursprung der ersten lebenden Systeme, anderseits die Funktionsweise des am stärksten teleonomischen Systems, das jemals hervorgetreten ist: Ich meine das Zentralnervensystem des Menschen«[25]. Hiermit übereinstimmend wird zugestanden: »Das größte Problem ist die Herkunft des genetischen Codes und des Mechanismus seiner Übersetzung. Tatsächlich dürfte man nicht von einem ›Problem‹, man müßte eher von einem wirklichen Rätsel sprechen«[26]. Doch sogleich biegt die Überlegung wieder in die gesinnungsbestimmte Richtung ein. »Das Universum trug weder das Leben, noch trug die Biosphäre den Menschen in sich. Unsere ›Losnummer‹ kam beim Glücksspiel heraus. Ist es da verwunderlich, daß wir unser Dasein als son-

22 Hierbei darf nicht übersehen werden, daß sich diese sog. »inneren« Wechselwirkungen nur durch das Zusammentreffen einander äußerlich, nämlich im Kausalzusammenhang gegenüberstehender Elemente bilden und daß diese inneren Prozesse Ergebnisse der durch diese äußere Kausalität bestimmten Entwicklung sind.

23 A. a. O., 62.

24 A. a. O., 171.

25 A. a. O., 172.

26 A. a. O., 176.

derbar empfinden – wie jemand, der im Glücksspiel eine Milliarde gewonnen hat«[27]? Den Wert dieses Gewinns drückt ein »undechiffrierbarer Text« aus. »Der letzte Grund des Projekts, das die Lebewesen darstellen, verfolgen und vollenden, enthüllt sich in dieser Botschaft[28], in dem klaren zuverlässigen Text der primären Struktur, der jedoch seinem Wesen nach undechiffrierbar ist. Undechiffrierbar, weil er in der Struktur nur den Zufall seiner Entstehung offenbart, solange er nicht seine physiologisch notwendige Funktion geäußert hat. Aber gerade darin besteht für uns der innerste Sinn dieser Botschaft, die uns aus der Tiefe der Zeiten erreicht«[29]. Der Übersetzungsprozeß der genetischen Botschaft, auf dem die Vererbung beruht, »läßt unwiderstehlich an ein Fließband in einer Maschinenfabrik denken«[30]. Das Ergebnis und das Ideal dieser Forschungsrichtung und Erkenntnisgesinnung lautet: »Der alte Bund ist zerbrochen; der Mensch weiß endlich, daß er in der teilnahmslosen Unermeßlichkeit des Universums allein ist, aus dem er zufällig hervortrat. Nicht nur sein Los, auch seine Pflicht steht nirgendwo geschrieben[31]. Es ist an ihm, zwischen dem Reich und der Finsternis zu wählen«[32]. Wie aber kann ein Wesen, das in blinder Notwendigkeit seinen Ursprung nahm und ihrem Würfelspiel ausgeliefert ist, je in die Lage kommen, zu wählen? Wie kann es dem objektiven Tatbestand nach (mag ihm ein molekularer Prozeß diese Illusion auch vorgaukeln) jemals angesichts einer Alternative zur Entscheidung herausgefordert werden, da doch die gleiche blinde Notwendigkeit über die äußeren wie die inneren Bedingungen des menschlichen Lebens entscheidet, da dessen »Zweck« durch den Zufall vorbestimmt ist? Diese mechanistische Deutung der Lebensvorgänge glaubt feststellen zu dürfen: »Das ›Geheimnis des Lebens‹ . . . ist heute zum großen Teil enthüllt«[33] – raubt aber diese »Enthüllung« nicht dem Leben allen Wert, und wäre, wenn sie Recht behielte, nicht die Selbstauslöschung die Pflicht, die uns die Menschenwürde auferlegt?

27 A. a. O., 179.
28 der »genetischen Information«.
29 A. a. O., 123.
30 A. a. O., 137.
31 Vorher wurde allerdings behauptet, daß sie in der undechiffrierbaren genetischen Information geschrieben stünden!
32 A. a. O., 219.
33 A. a. O. 4.

Es ist klar, daß im Horizont der mechanistischen Fragestellung die ganz andersartige Frage nach dem Ausdruck eines Nicht-Physischen im Physischen und des ihm entsprechenden Geschehens nicht auftauchen kann.

Fragt man nach der Ursache dieser Frageblindheit, die sich allenfalls zu einem Seitenblick auf anders geartete Weisen des Fragens herbeiläßt, dann erkennt man sie in der (bereits charakterisierten[34]) erfolgbestimmten Erkenntnisgesinnung und Lebensstimmung. Die Erfolgsgesinnung ist an den lebendigen Denk- und Erkenntnisvorgängen, die (wie ebenfalls bereits entwickelt wurde[35]) dem Aufbau der ganzen uns gegenständlich gegenüberstehenden Welt sowie dem Gesamtbereich des menschlichen Handelns, Verhaltens und Erlebens bis in seine geringfügigsten Bekundungen hinein realisierend zugrunde liegen, weitgehend uninteressiert. Da diese Vorstellungsart ihr Augenmerk vielmehr nur auf die *Erfolge* des Denkens und Handelns richtet, sind ihr auch diese nur als Mittel weiterer Erfolge interessant. Daß sich in den Erkenntnishaltungen und -stimmungen ein individueller und epochaler Denk- und Lebensstil ausdrückt, der wiederum den Stil der Erfolge und ihrer Mittel bestimmt, bleibt dabei unbeachtet und unterbewußt. Um so größer aber ist der Einfluß dieser im Unterbewußten wirkenden Kräfte. Der Maßstab, den diese Denkweise, die doch die Instrumente des Erfolges liefert, an sich selbst anlegt, ist der »Erfolg« (nämlich der quantitative Abstand des Früheren von dem später Erreichten) selbst – und dessen Maßstab wiederum sind die weiteren Erfolge, die er nach sich zieht, das Überleben der größten Anzahl von Exemplaren einer Gattung. Das Ergebnis dieser Denkweise, nämlich der »Erfolg«, bildet also ihre Voraussetzung, d. h. ihre Wurzeln werden unterbewußt, ihre Ergebnisse bewußt dogmatisiert. Dies ist nur deshalb möglich, weil sie sich nicht selbst zum Gegenstand ihres Forschens macht und daher kein ausreichendes Bewußtsein über ihren eigenen Prozeß, seine Voraussetzungen und Folgen entwickelt. Daraus aber ergibt es sich, daß eine ungeprüfte und mehr oder minder unbewußt wertbestimmende Erkenntnishaltung den »Erfolg« nach keineswegs klar erkannten, doch leb-

34 Vgl. S. 37ff.
35 Vgl. S. 39ff.

haft empfundenen Wertmerkmalen bemißt. Die in Rede stehende Denkweise erscheint sich selbst nicht der Prüfung bedürftig, weil sie sich selbst im voraus den Berechtigungsausweis ausgestellt hat: sie ist erfolgreich, weil sie den Erfolg begründet. Sie ist im Recht, weil der Erfolg im Recht ist. Ihre Vertreter genießen hohes Ansehen, weil sie die Erfolgsgesinnung unserer Zeit zum Weltprozeß machen. Das kapitalistische Gewinn- und Erfolgstreben wird zum Heiligenschein der Wissenschaft glorifiziert.

Unter diesen Voraussetzungen, die das wissenschaftliche Verfahren betreffen, wird nach dem Zweck, d. h. dem Erfolg und Erfolgsgehalt bestimmter Erscheinungen der organischen Entwicklung und dieser Entwicklung selbst gefragt. In der hiermit gekennzeichneten Erkenntnisgesinnung ist die Wurzel des heute wie kaum je methodisch triumphierenden Materialismus zu suchen. Beruht dieser doch auf der Verabsolutierung des mechanischen Geschehens: außerhalb des Bereichs des menschlichen Bewußtseins ist der »Erfolg« die kausale Veränderung, die durch das »zufällige« Zusammentreffen von Ursachen und Wirkungen entsteht; innerhalb des Bereichs des menschlichen Bewußtseins und der von diesem ausgehenden Handlungsfolgen geschieht das gleiche mit dem alleinigen Unterschied, daß hier Ursachen und Wirkungen um des Erfolgs willen durch bewußte Absichten miteinander verbunden werden[36].

Physikalisches, organisches und menschliches Geschehen und Bewirken werden also gleicherweise als maschinenhaft betrachtet. Ist doch (im Sinne des Vorangehenden) ein menschliches Handeln (wozu auch das Erkenntnisverhalten und -verfahren gehört), das lediglich nach dem »Erfolg« (d. h. dem mit dem Maßstabe der erfolgbestimmten Zweckvorstellung quantitativ gemessenen Abstand von Früherem und Späterem) strebt, maschinenhaft: es ist ein Vorgang, der durch die Verknüpfung von Ursache und Wirkung ein Maximum oder Minimum erreicht, nicht aber dem Ausdruck eines Ganzen in seinen Teilen dient. Erst ein Handeln, das aus der ganzheitlichen Erkenntnis der Welterscheinungen und menschlichen Verhaltensweisen

36 Vgl. a. a. O., 6ff.: »Wie eine Maschine stellt jeder Organismus, auch der ›einfachste‹, eine kohärente und integrierte Funktionseinheit dar. Die Sicherung der funktionellen Kohärenz einer so komplexen und darüber hinaus autonomen Maschine macht offensichtlich ein kybernetisches System erforderlich, das an zahlreichen Punkten des chemischen Geschehens steuert und kontrolliert.«

seine Richtkräfte in Liebe zur Handlung und nicht zum Erfolge schöpft, ist mehr als maschinenhaft, ist erst eigentlich menschlich.

Unverhüllter und verhüllter Materialismus

Doch sollte man den methodisch triumphierenden Materialismus seinen maskierten Formen vorziehen. Denn er kann sich auf die Konsequenz seiner Denkart und eine echte Forscherleistung berufen und zeigt ferner ein unverhülltes Gesicht. Vertritt doch oft gerade die vermeintliche Überwindung des Materialismus in ihrer Abneigung gegen das Denkerlebnis und die ihm geltende Erkenntniswissenschaft die materialistische Erkenntnisgesinnung viel skrupelloser als die ohne proklamativen Anspruch auftretende Naturwissenschaft[37]. Die meisten, welche sich vom Denkerlebnis und seiner wissenschaftlichen Untersuchung abwenden, sind sich demgemäß in der Huldigung einig, welche sie dem Erfolg darbringen, gleichviel ob sie diese deutlich aussprechen oder ihr mehr oder minder bewußt in ihrer Haltung Ausdruck verleihen. Denn wer nicht im Blick auf die innere Richtkraft des Denkens, das jede Art von Gegenständlichkeit aufbaut[38], urteilt und handelt, kann sein Ziel nur in dem möglichst großen positiven oder negativen Abstand der Ergebnis- von der Ausgangssituation sehen und suchen. Dagegen kann allein eine auf den Gedankengehalt der Welterscheinungen gerichtete Wissenschaft ermessen und erforschen, in welcher Vielgestaltigkeit sich das Denken in die Wirklichkeit (entsprechend deren eigenem geistigen Gehalt) verflicht. Für eine Wissenschaft und Lebenspraxis, welche diese Anstrengung ersparen will, verbleibt dagegen allein die Anordnung des Beobachteten (unter Anwendung erfolgnützlicher Denkschemata und sonstiger Hilfsmittel) im Hinblick auf eine erwartete oder angestrebte Mehrung oder Minderung, also auf den Erfolg. Und dieser behält sein mechanistisches Gepräge, auch wenn er noch so idealistisch verbrämt wird. Die Erfolggesinnung muß ihrer Wissens- und Lebensfeindlichkeit wegen gerade deshalb so unbeschönigt charakterisiert werden, weil das

37 Daß es auch auf deren Seite nicht an weltanschaulicher Proklamation fehlt, geht aus den im Rahmen dieser Skizze angeführten Zitaten hervor.
38 Vgl. 33ff.

Durchsetzungsvermögen zu ihrem Wesen gehört. Hierin unterscheiden sich »Idealisten« und »Materialisten« oft kaum voneinander, begegnen sich doch beide in der Berufung auf die »praktische« Bedeutung des nach Erfolg strebenden Wissens und Handelns. Hierbei wird aber die Frage vergessen, ob für den Menschen als »praktisch« gelten dürfe, was sein eigenes Wesen[39] verleugnet und sich von der vollen, eine Reihe von Seinsschichten umfassenden Wirklichkeit entfernt, in welcher er allein als geistig-seelisch-lebendiges Wesen zu existieren vermag. Der Umweltverderb und das soziale Malaise unserer Zeit sind Mahnzeichen, welche der gesamt betroffenen Menschheit die Augen für die Bedrohlichkeit eines mechanistisch erfolgorientierten Denkens und Handelns öffnen müßten.

Freilich wird es solchen noch nicht auf den speziellen Fall eingehenden Erwägungen nicht beschieden sein, anders Gesinnte und in anderen Denkgewohnheiten Lebende zu beeindrucken. Sind es doch gerade diese Denkgewohnheiten, denen eine unterbewußte Vorentscheidung über die Abweisung anderer Denkstile zugrunde liegt. Etwas bessere Aussichten sollten solchen Gedankengängen beschieden sein, die sich mit speziellen Fällen beschäftigen. Der Versuch einer solchen Beschäftigung soll hier gemacht werden. Im übrigen ist es die Absicht dieser Ausführungen, ihr Hauptproblem allmählich herauszuschälen.

Das weltanschauliche Ergebnis der heutigen biologischen Forschung

Dem Vorausgehenden sollen einige Hinweise auf das weltanschauliche Ergebnis der heutigen Biologie angefügt werden. Bei der Besprechung dieses Ergebnisses soll zunächst auf die am meisten verbreiteten Anschauungen eingegangen, eine davon abweichende Stellungnahme später charakterisiert werden[40]. Die kausalgenetische Methode tritt mit der Voraussetzung an ihre Aufgabe heran, der Ursache-Folge-Beziehung sei

39 Rudolf *Steiner*, Theosophie, 1948, 179: »Der Mensch ist ein Gedankenwesen«; Rudolf *Steiner*, Vortrags-Zyklus, gehalten am »West-Ost«-Kongreß in Wien 1922, 1. Vortrag. »Denn nur als denkende Wesen können wir uns als Menschen betrachten, im Denken sehen wir unsere menschliche Würde«, »unser Edelstes in der Menschennatur«.

40 Vgl. S. 64.

Allgemeingültigkeit und Allgemeinanwendbarkeit beizumessen. Dies besagt, daß dem Zusammenfallen zweier Tatsachen oder Ereignisse kein anderer Erkenntnisgehalt zugeschrieben wird, als einerseits die Möglichkeit der Kombination der vorausgehenden Tatsachen und Ereignisse auf Grund ihres Vorhandenseins, anderseits das Folgeereignis selbst. Lediglich die Möglichkeit und die Tatsache des Zusammenfallens von Ereignissen beschäftigt also dieses Forschungsverfahren. Hierfür wird das Wort »Zufall« verwendet. Wenn aber das Zusammenfallen als »Zufall« bezeichnet wird, dann sind dies lediglich zwei Worte für die gleiche Sache, die nicht mehr zum Ausdruck bringen, als daß man, was man gesucht und ausschließlich gesucht hat, gefunden habe. Das Ergebnis dieses Forschungsverfahrens kann, da es anderes ausschließt, nichts anderes als seine Voraussetzung sein. Es kennt daher auch keinen echten Aufbau von Gestaltzusammenhängen: wo dieser vorzuliegen scheint, ist er für diese Anschauungsweise lediglich das Ergebnis des Zusammenfallens von Ereignissen, deren Abfolge auf einen Erfolg hinorientiert ist.

Eine solche maschinenmäßige Zusammenstellung verdient nicht den Titel des Aufbaues, wenn man unter diesem den Ausdruck eines Ganzen in seinen Teilen versteht, die ihrerseits das Ganze zum Ausdruck bringen, dem sie angehören. Die mechanistische Auffassung kann daher ihrem Wesen nach nur *zweierlei* in Betracht ziehen: 1. Den Fortbestand von Zusammenfällen (»Zufällen«), d. h. deren Fortbestand, *weil* sie fortbestehen, was gleichbedeutend damit ist, daß durch den Zusammenfall andere Ereignisse verdrängt wurden; 2. kann daneben nur noch der »Unfall« wirksam werden, der den früheren Zusammenfall zwar nicht auflöst, seinen Zusammenhang aber durch Entfernung oder Hinzufügung von Bestandteilen verändert. In dieser Sicht muß also auch die Hinzufügung als Abbau eines einmal erreichten, mit dem Merkmal relativer Beständigkeit ausgestatteten Zustandes gedeutet werden. Sie kennt nur das Zusammenfallen von Ereignissen mit dem Ergebnis relativ beständiger mechanischer Kombinationen und deren Abbau durch den Einbruch anderer Zusammenfälle. Die Vererbung (genetische Replikation) ist daher für die moderne Biologie eine Kombination von Zusammenfällen, die sich mit äußerst hoher Genauigkeit wiederholen, wobei aber diese Genauigkeit doch keine absolute, fehlerfreie sein kann. Die mangelnde Genauigkeit ist der »Unfall«, durch den es zu Mutationen des Erbgutes, d. h. zu

Veränderungen der Lebewesen im Laufe der Entwicklung kommt. Die Entwicklung wird demgemäß als ein Geschehen vorgestellt, das nicht (im Sinne der Ausdrucks- und Ganzheitsbildung) aufbau-, sondern abbauorientiert ist. Denn das Lebendige ist für diese Auffassung auf Grund seiner Wesensbestimmung, die sich aus der alleinigen Anwendung der Ursache-Wirkung-Beziehung ergibt, nicht ein Werdendes, sondern ein Beharrendes. Ein Organismus ist nur in dem Maße leistungsfähig und effizient, als die Zusammenstellung seiner Teile und diese selbst beharren, also nicht durch Abnutzung untauglich werden. »Das ganze System ist ... total konservativ, streng in sich abgeschlossen und absolut unfähig, irgendeine Belehrung aus der Außenwelt anzunehmen[41]«. Veränderungen in diesem starren System können nur auf Grund von Ungenauigkeiten, Störungen, »Unfällen«, »Übersetzungsfehlern«, eintreten, »trotz der Perfektion des Apparates, der durch die Wiedergabetreue seiner Übersetzung die Erhaltung sichert«[42]. Solche Störungen sollen mindestens zum Teil auch Altern und Tod der mehrzelligen Organismen erklären. Altern und Tod sind im gleichen Sinne Abbauerscheinungen, wie die ganze Evolution eine Abbauerscheinung ist, d. h. eine Abweichung von der Stabilität der mechanistischen Perfektion, die aber sofort wieder in ihre ausgefahrene Bahn zurückkehrt. »Ablesefehler werden – von anderen Störungen abgesehen – wegen der blinden Treue des Mechanismus automatisch wieder abgeschrieben«[43].

Im Sinne dieser Auffassung sollen also die Mutationen, alle Veränderungen des Erbgefüges, alle Ausstrahlungen des Vererbungsverlaufes in die Richtungen der Vielgestaltigkeit durch Fehler entstehen, welche das Beharrungsvermögen des Erbgutes stören. »Jede dieser Etappen« (der Evolution, etwa der Übergang vom Einzeller zum Vielzeller oder das Auftauchen der Wirbeltiere) »beruht ... auf einer beträchtlichen Vergrößerung der Nukleinsäure«, deren Teilchenfolge bei einer Bakterie ungefähr einen Millimeter (der bereits viele Millionen von Partikeln enthält) beim Menschen ungefähr zwei Meter (die mehrere Milliarden Partikel enthalten) lang ist, wobei es sich aber jedesmal um das gleiche Baumaterial handelt. »Um diese plötzlichen Vergrößerungen zu erklären, muß der Zufall eines selte-

41 J. Monod, a. a. O., 139.
42 A. a. O., 140.
43 A. a. O., 140.

nen Ereignisses herangezogen werden, wie zum Beispiel ein Reproduktionsfehler, der zu einem Überschuß an Chromosomen führen würde«[44]. »Wir sagen, diese Änderungen seien akzidentell, sie fänden zufällig statt. Und da sie die *einzige* mögliche Ursache von Änderungen des genetischen Textes darstellen, der seinerseits der *einzige* Verwahrer der Erbstrukturen des Organismus ist, so folgt daraus mit Notwendigkeit, daß *einzig* und allein der Zufall jeglicher Neuerung, jeglicher Schöpfung in der belebten Natur zugrunde liegt. Der reine Zufall, nichts als der Zufall, die absolute, blinde Freiheit als Grundlage des wunderbaren Gebäudes der Evolution – diese zentrale Erkenntnis der modernen Biologie ist heute nicht mehr nur eine unter anderen mögliche oder wenigstens denkbare Hypothese; sie ist die *einzig* vorstellbare, da sie allein sich mit den Beobachtungs- und Erfahrungstatsachen deckt. Und die Annahme (oder die Hoffnung), daß wir unsere Vorstellungen in diesem Punkt revidieren müssen oder auch nur könnten, ist durch nichts gerechtfertigt«[45]. »Das durch die Evolution Zutagetretende, das seinen Ursprung im wesentlich Unvorhersehbaren nimmt«, ist »gerade deshalb etwas *uneingeschränkt* Neues«[46]. Als »neu« wird hier eine bisher noch nicht aufgetretene Kombination vorher bereits vorhandener Teile betrachtet. Dementsprechend beruhen »alle Eigenschaften der Lebewesen auf einem grundlegenden Mechanismus der *molekularen Erhaltung* ... Für die moderne Theorie *ist die Evolution keineswegs eine Eigenschaft der Lebewesen*, da sie ihre Ursache gerade in den *Unvollkommenheiten* des Erhaltungsmechanismus hat, der ... ihren einzigen Vorzug darstellt. Man muß daher sagen, daß die gleiche Störungsquelle, die bei einem unbelebten, d. h. nichtreplikativen System langsam die ganze Struktur vernichten würde, in der belebten Natur am Beginn der Evolution steht und deren totale schöpferische Freiheit ermöglicht – freilich dank jener Bewahrerin des Zufalls, die gegen jede Störung unempfindlich ist – der replikationsfähigen DNS-Struktur«[47].

Die Evolution ist also nicht Aufbau, nicht die Entfaltung ausdruckskräftiger Urbilder durch ein ausdruckschaffendes, ganzheitbildendes Entfaltungsgeschehen, sondern der Abbau des

44 F. Jacob, a. a. O., 330.
45 J. Monod, a. a. O., 141f.
46 A. a. O., 145.
47 A. a. O., 146.

Beharrungsvermögens eines Mechanismus, dessen Zweckbestimmung die Selbstwiederholung, also die Wiederkehr des Gleichen ist.

Dies ist eine weltanschauliche Konsequenz. Denn es ist für die Bewußtseinshaltung der Menschen, ihre Lebensgesinnung und Arbeitsstimmung und damit für ihr soziales Verhalten von entscheidender Bedeutung, ob die Grundlage ihrer Welt und ihres eigenen Wesens der Fortschritt oder vielmehr der Abbau ist, – ob also die Welt und das menschliche Leben zum echten Neuen veranlagt sind oder ob alles vorentschieden ist[48].

Weitere Anschauungen der heutigen Biologie

Die Forschungsergebnisse der heutigen Biologie gehören zu den erstaunlichsten und großartigsten Errungenschaften der modernen Naturwissenschaft[49]. Dennoch darf nicht übersehen werden, daß sich die Beispiele für den erfolgbestimmten und ausdruckblinden Denkstil der heutigen Biologie (wie der heutigen Naturwissenschaft überhaupt) im Überfluß anbieten. So

48 Eine Auffassung, die von der hier charakterisierten abweicht, vertritt z. B. Th. *Dobzhansky*, Intelligenz, Vererbung, Umwelt, 1973, 122: »In der biologischen Evolution ... geht es nicht um Beständigkeit, sondern um Veränderung und Wandel. Darwin und seine Nachfolger haben gezeigt, daß sich die heutige Welt des Lebendigen von dem unterscheidet, was sie in der Vergangenheit war, und daß sie in der Zukunft wieder anders sein kann.« 125: »Das Entstehen von Lebendem aus Nichtlebendem und das Entstehen von Menschheit aus Tierheit sind bisher die zwei grandiosesten entwicklungsgeschichtlichen Transzendierungen.« 128: »Die Evolution ist ein schöpferischer Prozeß; das Schöpferische ist am ausgeprägtesten in der kulturellen Evolution des Menschen, weniger stark in der biologischen und am wenigsten in der anorganischen Evolution.« 132: »Welche Rolle in der Evolution soll der Mensch spielen? Soll er nur Zuschauer sein oder vielmehr Speerspitze und schließlich Herr der Evolution? ... Lebt der Mensch nur um zu leben, und gibt es darüber hinaus für ihn keinen Sinn und keine Bedeutung? Oder ist er aufgerufen, an der Konstruktion des besten nur denkbaren Universums mitzuwirken?«

49 *Monod*, a. a. O. 132f.: »Mendels Definition des Gens als des invarianten Trägers der Vererbungsmerkmale, die chemische Identifikation des Gens durch Avery, die durch Hershey bestätigt wurde, und die Aufhellung der strukturellen Grundlagen seiner replikativen Invarianz (seiner unveränderten Wiederholung im Vererbungsgeschehen) durch Watson und Crick stellen ... die wichtigsten Entdeckungen dar, die jemals in der Biologie gemacht wurden.«

etwa, wenn die dunkle Hautpigmentierung in Gebieten mit starker Sonnenbestrahlung nicht als Ausdrucksmerkmal, sondern als »Selektionsvorteil« betrachtet wird, mit dem sich aber auch »Nachteile«, wie die geringere Vitamin-D-Bildung oder die stärkere Hitzebelastung und damit die Gefahr des Hitzschlages verbinden können. Im Stil dieser Wissenschaftsrichtung fragt man unablässig und ausschließlich nach den »Mechanismen« der Evolution. Diese Art des Fragens entspricht durchaus einer Erkenntnisgesinnung, die sich nur für die instrumentalen Ergebnisse des Denkvorganges und auch für diese nur flüchtig interessiert. Denn ein Mechanismus ist, wie hier entwickelt wurde, ein Erfolgsystem, das durch nur instrumental benütztes und gedeutetes Denken gewonnen wird und die Zielvorstellung bildet, welche dieses Denken selbst durch einen unbewußt rückgekoppelten Bewertungsmechanismus in die Reihe anderer Erfolgsysteme einordnet. Daher muß hier von neuem betont werden, daß jede erfolgorientierte menschliche Verhaltensweise ihrem Wesen nach einen Mechanismus darstellt. Dieser am Erfolgsvorgriff (in der Zweckvorstellung) orientierten Verhaltensweise entspricht die im Ursachenrückblick (in der Erklärung) orientierte Forschungsweise. Denn diese sucht, anstelle der Erforschung von Ausdruckswerten und Ausdrucksgehalten sowie ihres Ursprungs und Gestaltungsstils nach immer neuen Tatsachensystemen, die in der Ursache-Folge-Beziehung hintereinandergeschaltet werden. Eine solche Tatsachenanordnung, die das Ergebnis instrumentalen Denkens und selbst instrumental gedacht ist, da ihre Glieder eine Folge von Werkzeugen, Eingriffen und Erfolgen darstellen, wird als »Erklärung« bewertet. Denn sie entwickelt und öffnet im Sinne der vorweggenommenen Selbstlegitimierung und ihres Verständnisbedürfnisses immer neue Lücken für erfolgreiche Eingriffe, die sich meist mit unerwünschten oder gar verhängnisvollen, wenn auch oft spät und allzuspät entdeckten »Nebenerfolgen« verbinden. Gleichwohl strebt diese Wissens- und Erkenntnisgesinnung vornehmlich oder ausschließlich nach Tatsachenvermehrung und Erfolgsteigerung. Ein ausdruck- und damit wesenergründendes Erkennen kann sich dagegen des Denkens ohne das Bewußtsein über dessen eigenes Wesen und Wirken nicht nur instrumental und gewohnheitsmäßig bedienen. Es setzt vielmehr jenen Ausnahmezustand des seelischen Beobachtens voraus, der des Denkens und seiner Rolle im unterbewußten Aufbau der Gegenständlichkeit und der gesinnungshaften Orientierung des Erkennens ansichtig wird. Das instrumental-gewohnheitsmäßige Denken, das sich am Leitseil der Kausalität im Dunkeln vorantastet, unterwirft sich dagegen selbst, mehr oder minder bewußt, dem Ursache-Folge-Schema, indem es sich durch die Zahl und Größe der äußeren Effekte bestätigt sieht und (in einem Vorgang der Wechselwirkung) aus diesem Bestätigungseffekt immer neue Antriebe für seinen Einsatz schöpft. Die Schwierigkeit, der eine Einsicht, welche diese Zusammenhänge durchschaut, häufig begegnet, ist weniger Sache des Erkennens als der Willenshaltung, da erst erhöhte Willenswachheit den Weg freilegen kann, der durch die Barriere unterbewußter Willensvorgriffe versperrt ist.

Die mechanistische Deutung der organischen Evolution im Sinne des Selektionserfolges geht bekanntlich auf das 1859 erschienene Werk *Darwins* »On the Origin of Species by Means of Natural Selection, or the Preservation of Favoured Races in the Struggle of Life« zurück. Der Denkstil Darwins und die ihn tragende viel breitere Denkgesinnung ist, wie gesagt, heute wie kaum je der Stil der Epoche. Im Sinne dieses Denkstils sind (wofür die vorausgehenden Zitate als Belege dienen) die individuellen Verschiedenheiten, die sich in den physischen Erbsubstanzen abzeichnen, nicht Ausdrucksformen und Ausdruckswerte eines Geistig-Seelisch-Lebendigen, sondern (als Mutationen und Kombinationen des Erbmaterials) zufällige Ereignisse, die ohne Rücksicht darauf entstehen, ob sie den Organismen Vorteile oder Nachteile bringen.

Die Fragerichtung dieser Forschung hat die stets gleiche Charakteristik der Zweckmäßigkeit und des durch mechanistisch gedeutete Vorgänge eintretenden Erfolges. Entsprechend lautet die Antwort, die das Problem betrifft, wie aus den planlosen Veränderungen zweckmäßig gebaute Organismen hervorgehen, d. h. solche Wesen, bei deren Betrachtung die Frage nach dem »Wozu« sinnvoll gestellt und sinnvoll beantwortet werden kann. Die z. B. von *Lamarck* vertretene Auffassung, daß sich die Organismen aktiv (also Ausdruck schaffend) ihrer Umwelt anpassen und die derart erworbenen Eigenschaften auf ihre Nachkommen übertragen würden, gilt heute als überholt. Die Evolution wird dementsprechend allein als das Ergebnis von Mutationen und sexuellen Kombinationen betrachtet, durch die sich zufällige Veränderungen ergeben. Der einzige die Anpassung regulierende Faktor ist dabei die natürliche Auslese, die Selektion, das opportunistische Überleben des Tauglicheren im Konkurrenzkampf ums Dasein. Und auch der Mensch wird als Produkt dieses Evolutionsmechanismus betrachtet. Freilich wird die natürliche heute weitgehend durch die kulturelle Evolution ersetzt. In dieser unterliegt der Mensch nicht einem Anpassungsgeschehen an die Umwelt, sondern verändert er seinerseits seine Umwelt, paßt er diese seinen Bedürfnissen an. Das Nichtzufällige, auf Plan und Voraussicht Beruhende wird also als Ergebnis des Planlos-Zulässigen gedacht.

Auch das Formenspiel der Mannigfaltigkeit im Bau der Organismen, die Jakob *Frohschammer* von der »Phantasie als Weltprinzip« sprechen läßt, wird unter dem Gesichtspunkt des Evolutionsmechanismus (Erbänderungen, Kombination der Erbanlagen durch die sexuelle Fortpflanzung und natürliche Auslese) betrachtet. Dieser Mechanismus soll die »Erklärung« dafür darstellen, daß über eine Million Tierarten, etwa eine halbe Million Pflanzenarten, 8500 Vogelarten, 4300 Säugetierarten und über 300000 Käferarten auf der Erde vorkommen. Die Frage nach dem Grund dieses Vorkommens gilt als beantwortet, wenn diese Vielgestaltigkeit, also die Andersartigkeit als Selektionsvorteil gedeutet, d. h. ihr ein arterhaltender Wert zugeschrieben werden kann. Dieses ist im Sinne der heutigen Biologie der Fall, weil das Konkurrenzprinzip, das den eigentlichen Motor der Selektion darstellen soll, nicht nur eine Selektion der Organismen im Kampf ums Dasein gegenüber der Umwelt herbeiführt, sondern auch als Konkurrenz zwischen den Arten wirksam ist. Denn die Arten konkurrieren untereinander um die Umweltvorteile, die nicht unbeschränkt zur Verfügung stehen. Daher gilt es für jede Art, die Möglichkeiten ausnützen zu können, die es ihr ermöglichen, die größte Zahl von Nachkommen hervorzubringen. Demgemäß spricht die heutige Biologie von der »ökologischen Nische«, die jede Organismenart ausbildet. Das »Wozu« der Vielförmigkeit der Tier- und Pflanzenwelt ist also das Einrücken in unterschiedliche ökologische Nischen und damit die Ausnützung voneinander abweichender Umweltvorteile, wodurch die Konkurrenz der Arten untereinander vermieden oder wenigstens vermindert wird. Dazu soll als weiterer Selektionsvorteil der Merkmalmannigfaltigkeit die an jeweils spezifischen Merkmalen orientierte Erkenntnismöglichkeit der Artgenossen treten, welche die Vermischung der Arten verhindert und die damit die artgleiche Besetzung der ökologischen Nischen aufrechterhält.

Während die heutige mechanistische Biologie den Darwinschen Zufallsgedanken fortentwickelt, demgemäß der Konkurrenzerfolg über das Entwicklungsergebnis entscheidet und sie den Entwicklungsfortschritt als das Hervorgehen des Höherorganisierten aus dem weniger hoch Organisierten glaubt vorstellen zu können, hat die deutsche romantische Biologie den Menschen als »Zentralorganismus« gedacht, aus dem die Tiere als minder vollkommene Teilgebilde hervorgingen. Die Entwicklung hat im Sinne dieser Anschauung den Ausdruckswert der fortschreitenden physischen Erscheinung eines Nicht-Physischen, das auf dem Wege seiner Selbstgestaltung zurückbleibende Formen hinterläßt.

Heute jedoch denkt man auch die höchsten Eigenschaften des Menschen und ihre bereits mit der Geburt oder Konzeption in Erscheinung tretende Vorprägung durch Vererbung und Umwelt bestimmt. Als einer der ersten hat im Stil Darwins Sir Francis *Galton*[50] die menschliche Begabung in seinem berühmten Buche Hereditary Genius (1869) untersucht. Er wies nach, daß 997 hervorragende Persönlichkeiten 739 hervorragende Verwandte hatten. Bekannte Beispiele der Familienbegabung sind die Musikerfamilie Bach und die Mathematikerfamilie Bernoulli. Der heutigen Biologie gilt es als erwiesen, daß die menschliche geistige Entwicklung durch ein einziges geschädigtes Gen oder Genpaar entscheidend gehemmt werden kann. Die Frage nach dem Ausdruckscharakter solcher Schädigungen und Hemmungen wird dabei überhaupt nicht gestellt. Denn dem Horizont eines erfolgorientierten Denkens gehört die Frage nicht an, ob die physische Schädigung, anstatt die Ursache einer seelisch-geistigen Entwicklungshemmung zu sein, nicht vielmehr deren Ausdruck ist. Diese Frage kann freilich erst dann gestellt werden, wenn sie von dem Ernst getragen ist, dem die Geistigkeit des Menschen und damit dessen Hindurchgehen durch wiederholte Verkörperungen als Wirklichkeit gilt. Heute richtet man jedoch den Blick meist lediglich darauf, daß eine Veränderung des DNS-Fadens, die nur den milliardsten Teil der ganzen Genmasse ausmacht, über Tod und Leben,

50 1822 bis 1911, auf ihn geben u. a. die kombinierten Porträtphotogramme (die der Ermittlung eines physiognomischen Durchschnittstypus dienen sollen) und die Einführung der (in Asien schon seit Jahrhunderten bekannten) Daktyloskopie (Finger-prints 1892) zur Verbrecheridentifikation zurück.

Schwachsinn oder normale Intelligenz, Blindheit oder Sehvermögen, Taubheit oder Hören, Zwergwuchs und Verkrüppelung oder normale Gestalt entscheiden kann. Daß das Verhältnis von Ursache und Wirkung ebensowohl auch ein umgekehrtes, die physische Beschaffenheit und Funktion Ausdruck eines Seelisch-Geistigen sein könne, wird dabei nicht einmal als Denkmöglichkeit in Betracht gezogen. Vielmehr »erklärt« man 1500 Krankheiten und Anomalien mit der Veränderung eines einzelnen Gens und versucht nicht, die Veränderung des Gens wie die Krankheit als Ausdrucksformen und Ausdrucksstadien des gleichen Bildegeschehens zu erfassen, das jene Stadien als Glieder einer sehr viel längeren Reihe von Metamorphosen zur Erscheinung bringt. Der materialistisch-mechanistischen Sicht entspricht es dagegen, wenn man im Sinne einer »Erklärung« nach dem kausalen Erfolgsschema feststellt, daß ein überzähliges Y-Chromosom des öfteren bei schwer erziehbaren Kindern, verwahrlosten Jugendlichen, Eigentums- und Sexualverbrechern gefunden wurde, zu Homosexualität, Fetischismus, Transvestitismus, Inzest, sexueller Annäherung an Kinder und Diebstahl disponiere, der Defekt eines einzigen Gens einen sonst männlich veranlagten Embryo zur unfruchtbaren Frau bestimme, der physische Unterschied der Geschlechter auf einem einzigen Hormon, dem Testoviron, beruhe und die Häufigkeit der Schizophrenie, die doch die Fortpflanzung beeinträchtige, im Licht des instrumentalen Zweckgedankens damit zu »erklären« sei, »daß die beitragenden Gene in weniger ungünstig massierter Dosis lebensförderlich« (W. *Lenz*) sein müssen.

Charakteristisch für die Vorstellungsart und Forschungsweise der heutigen Biologie (wie der heutigen Naturwissenschaft im allgemeinen) ist ihr Rechnen mit weit jenseits des menschlichen Auffassungsvermögens gelegenen Größenordnungen, deren Ausmaß stets gleichzeitig ein wesentliches Element der Erklärung ist. Denn nur die unvorstellbare Länge der Zeiträume[51], die unvorstellbare Kleinheit und Vielfalt der Teilchen, die unvorstellbare Vielzahl der Kombinationen, kurz die Menge als Erklärungsprinzip macht die Geschehnisse möglich, welche die heutige Biologie für wirklich oder mindestens wahr-

51 Man nimmt an, daß die organische Evolution einen Zeitraum von zwei Milliarden Jahren, die ihr vorausgehende chemische Evolution einen ebenso langen Zeitraum umfaßt.

scheinlich hält. »Die Zahl der Gene in einer menschlichen Geschlechtszelle ist ... nicht bekannt – neuere Schätzungen reichen von hunderttausend bis zu mehreren Millionen. Geht man aber einmal von den 10 bis 20 Prozent heterozygoter Gene aus, so erweist sich die Zahl der potentiell möglichen Genkonstellationen als weitaus höher als die Anzahl der von Physikern im gesamten Universum vermuteten subatomaren Teilchen[52].«

Mechanismus und Ausdruck als Erklärungsprinzipien: Stummheit und Sprachlichkeit

Die *individuelle Einmaligkeit, die Formenvielfalt* und der *Entwicklungsfortschritt*[53] werden durch die gekennzeichneten Vorstellungen auf das gleiche Prinzip zurückgeführt, nämlich die mechanische Komplikation, die von Erfolg zu Erfolg fortschreitet. Der Erfolg wird dabei als Behauptung im Kampf ums Dasein und als Vermehrung der Nachkommenschaft, also durch sich selbst gedeutet. Denn im mechanistischen Prinzip ist ja die Durchsetzung gegen Widerstände und die möglichst große Ausbreitung des Wirkungserfolges bereits vorgedacht. Während nun der Erfolg stumm und für sich selbst taub ist, da seine Bedeutung stets nur durch ein Vorausgehendes oder Nachfolgendes zum Ausdruck gebracht und gedeutet werden kann, ist man neuerdings (Liebrucks, Weisgerber, Porzig u. a.) in Nachfolge und Fortsetzung *Hegels*, W. v. *Humboldts, Hamanns* und der Romantiker wieder auf die allgemeine Sprachlichkeit der Welt aufmerksam geworden, wie man wiederum in der Verschiedenheit der Sprachen eine Verschiedenheit der Weltensichten erblickt.[54]

Als Hauptmerkmale des stummen und tauben Materialismus kennzeichnet *Rudolf Steiner* in seinem ersten Mysteriendrama

52 Th. Dobzhansky, a. a. O., 16.
53 Vgl. S. 21 f.
54 W. v. *Humboldt*, Über das vergleichende Sprachstudium in Beziehung auf die verschiedenen Epochen der Sprachentwicklung, Werke IV, 27. Ähnlich bereits *Leibnitz*, Unvorgreifliche Gedanken, Kap. 46: »Stecket also im Teutschen Alterthum und sonderlich in der Teutschen uhralten Sprache, so über das Alter aller Griechischen und Lateinischen Bücher hinauf steiget, der Ursprung der Europäischen Völker und Sprachen, auch zum Theil des uhralten Gottesdienstes, der Sitten, Rechte und Adels, auch offt der alten Namen der Sachen, Örter und Leute.«

durch den Mund Felix *Baldes* die beiden Grundformen des modernen Aberglaubens: die mechanische Weltentstehung und die »unbelehrte«, d. h. ohne die hinzukommende Schöpferkraft des Geistes erfolgende (mechanistische) Höherentwicklung der Organismen bis zum Menschen. In diesen beiden Formen des Aberglaubens sieht Felix Balde Sprößlinge der gleichen Wurzel des Ur-Aberglaubens unserer Zeit, der die heutigen Menschen veranlaßt, ihren eigenen Geist zu verleugnen[55]. Diese Verleugnung des eigenen Geistes hat ihre Wurzel in der (bewußten oder unterbewußten) Deutung des Erkennens. Denn es ist Geistesverleugnung, im Erkennen das Abbilden einer ihm äußerlich bleibenden Wirklichkeit und nicht deren Mitschaffen im menschlichen Bewußtsein zu erblicken. Die grundlegende Geistverleugnung ist also jene der Realisierung, welche die Aufgabe und die Würde des menschlichen Erkennens darstellt. Hierbei bildet es, was die Erkenntnishaltung anlangt, keinen wesentlichen Unterschied, daß die ehemaligen Vorstellungsbilder dieses Aberglaubens, der Urnebel und die Abstammung des Menschen vom Affen, heute durch den »Urknall« (aus dem sich die Welt) und die »Ursuppe« (aus der sich das Lebendige und der Mensch entwickelt haben soll) verdrängt sind.

Die mechanistische Weltvorstellung kennt nicht die Wort-, die Ausdruckskraft des Geistes, sie kennt den Geist nicht als Mund, nicht als Wort. Die Vorstellung einer »unbelehrten« Höherentwicklung ermangelt aber auch der vernehmenden Schweigsamkeit des Geistes, sie kennt den Geist nicht als Ohr. Beides aber, Mund und Ohr, Ausdruck eigenen Geistes und Erwachen am Wesenhaften im schweigenden Vernehmen begegnenden Geistes, ist die Sprache. Als Ausdruck des Sprechers ist die Sprache Trägerin der individuellen Einmaligkeit; im Vernehmen fremden Ausdrucks erwacht der Hörer zu höherer Entwicklung, wird die Sprache Trägerin der menschlichen Gemeinschaft. Der Sprechende bereichert sein Vermögen, sich selbst auszusprechen, indem er den Vernommenen ausspricht, und verfeinert sein Vernehmen, indem er als Redender über sich selbst schweigt. Zwischen Reden und Schweigen entfaltet die Sprache die Vielfalt ihrer Formen. Eine morphologische Betrachtung der Entwicklung von Welt und Mensch versteht

55 *Hegel*, Werke IV, 140: »Die Bestimmung des Menschen ist die denkende Vernunft ... er ist durch dieselbe von dem Tiere unterschieden.«

diese Entwicklung in dem angedeuteten Sinne als Mund und als Ohr, als Sprache: als Einmaligkeit, Vielfalt und Fortschritt, die Grundprinzipien der Evolution.

Von dieser Besinnung auf die Grundprinzipien jeder Ausdruckskunde blicken wir einerseits auf die Stummheit und Taubheit jeder mechanistischen Wissenschaftsgesinnung und Lebenshaltung, anderseits auf die bedenklichsten Neigungen und Abneigungen, die wir als Symptome unserer Zeit beobachten. Die Abneigung gegen das lebendige, nicht nur instrumentale Denken, das als Grundkraft des Ausdrucks jedem menschlichen Verhalten und Erkennen seinen Gehalt verleiht, ist die stumme Form der Ausdrucksschwäche unserer Zeit. Die Neigung »unbelehrt«, also im Sinne der Darwinschen Evolution alles aus sich selbst schöpfen zu wollen, die sich nach außen als Gerede und antiautoritäre Haltung bekundet, ist die taube Form der Ausdrucksschwäche unserer Zeit. Diese beiden Formen des Kulturverfalls führen den Sprachverfall mit sich, den wir als Individualitätslosigkeit, Formenarmut und den Entwicklungsstillstand innerhalb der Formauflösung des heutigen Sprechens beobachten.

Eine vom biologischen Dogma abweichende Auffassung

»In der gegenwärtigen Biologie« tritt »eine Lebenstheorie auf, welche die Entscheidung bereits vorwegnimmt, denn der Wahrheitsgehalt dieser Theorie gilt für unanfechtbar«[56]. Diese auf *Watson* und *Crick* zurückgehende Theorie wird daher mit Recht als das »zentrale Dogma« der gegenwärtigen Biologie bezeichnet. *Matile* weist indessen nach, daß die Verallgemeinerung und Verabsolutierung der unanzweifelbar großen Entdeckungen der Molekularbiologie zur Erklärung aller Lebenserscheinungen durch die Beobachtungstatsachen keineswegs gerechtfertigt ist und der kritischen Forderung nach methodischer Bewußtheit nicht entspricht. Vielmehr hat die dogmatisierte Theorie ihre Bedeutung lediglich auf dem Gebiete des Stoffwechsels. Diesem ist jedoch das eigentliche Lebensgeschehen übergeordnet. Mag es auch in physiko-chemischen Vorgängen

56 Dieses und die nachfolgenden Zitate in diesem Abschnitt aus: Ph. *Matile*, Die heutige entscheidende Phase in der biologischen Forschung, Universitas 1973, 5, 543 ff.

zum Ausdruck kommen, so ist es doch von diesen her ebensowenig zu erfassen als ein Maschinenschreiber von den Bewegungen der Schreibmaschine. »Das Prinzip der Zelle, das Ganze, kann aus den Teilen ebensowenig erklärt werden, wie ein Bauwerk aus den Gesetzen der Statik und den Eigenschaften der Baumaterialien.« Dieses »Prinzip der Zelle« in seiner dem molekularen Geschehen übergeordneten Rangstufe wird z. B. an der Tatsache erkennbar, daß die Entwicklung der Zelle ebenso Aufbau wie (in den Verlauf ihrer Entwicklung ganzheitlich in bestimmter Ablauffolge eingeordnete) Auflösung umfaßt. Da diese Auflösung nicht durch äußere Einflüsse hervorgerufen wird, sondern Selbstauflösung ist (»Autolyse« der Zellen), steht sie »offensichtlich im Widerspruch zum Dogma«, das die starre Wiederkehr des Gleichen in immer neuen Verdoppelungen besagt. Das übergeordnete »Prinzip der Zelle«, ihre »charakteristische Fähigkeit ... zur Anpassung und Differenzierung erweist sich im Stoffwechsel als dynamisches Gleichgewicht zwischen Bildung und Auflösung«. Daher ist es eine »unberechtigte intellektuelle Konstruktion«, die Zelle aus der DNS abzuleiten. »In Tat und Wahrheit steht die DNS nie an einem Anfang, sondern stets mitten in einem zyklischen Prozeß drin, in welchen der gesamte Zellstoffwechsel und die gesamte strukturelle Organisation der Zelle einbezogen sind. Zwar steht die DNS an einer bedeutungsvollen Stelle des Stoffwechsels, ist aber ihrerseits wiederum ein Produkt desselben. Von einer ›selfduplicating activity‹ der DNS kann keine Rede sein. Selbst in vitro baut der Molekularbiologe seinen Ausschnitt aus dem Stoffwechsel künstlich um die isolierte DNS herum auf und findet überdies, daß die Spezifität der enzymatisch duplizierten Kernsäure nicht ausschließlich durch das Muster der vorgelegten DNS determiniert ist.«

Hiermit verbindet *Matile* die entscheidende Erkenntnis, daß die Fülle der molekularbiologischen Beobachtungstatsachen erst durch die gedankliche Eingliederung in die Welt relevant wird. »Indem wir diese Integration vollziehen, führen wir stets eine Dimension ein, die in den verwendeten stofflichen Elementen nicht enthalten ist.« Dies bedeutet doch wohl, daß der biologische Zusammenhang (ebenso wie alle anderen Zusammenhänge) im Sinne des hier Dargestellten nicht als etwas Wahrnehmliches ohne eigenes Zutun des Erkennenden beobachtet oder vorgestellt werden kann, sondern daß er aktualisiert, d. h. denkerisch hervorgebracht werden muß, da er seinem Wirklichkeitscharakter nach gedankenhaft ist. Mit der Blindheit des modernen Biologen für seine eigene gedankliche, doch unterbewußt ausgeübte Aktivität verbindet sich dann charakteristischerweise die Blindheit für seine unterbewußt gedankenbestimmte experimentelle Aktivität. Tritt doch der moderne Biologe »als Experimentator ... gewissermaßen an die Stelle des Zellprinzips und setzt die Grenzbedingungen, welche die Untersuchung von Teilprozessen des Stoffwechsels erst ermöglichen«. Nur so wird es möglich, Physik und Chemie an die Stelle des Lebens, Mechanisch-Quantitatives an die Stelle des Morphologisch-Qualitativen zu setzen und damit das Lebendige als ein Kompliziert-Materielles zu deuten. »Die Theorie der Frühevolution« scheitert »am scheinbar so einfachen System der Zelle«. »Man mag die Sache drehen und wenden, wie man will, es ist unvermeidlich, die Zelle als eine unabdingbare und zudem aus dem unbelebten System nicht ableitbare Voraussetzung für die Existenz auch des primitivsten Stoffwechsels anzuerkennen.« Daß die Lebenserscheinungen unter bestimmten materiellen und energetischen Bedingungen auftreten, bedeutet also nicht, daß sie auf diese reduzierbar seien. Hier liegt eine der Verwechslungen von Ursache und Bedingung vor, die in der heutigen Wissenschaft so häufig sind, wenn es auf die Unterscheidung der Seinsstufen ankäme. Dieses Durcheinanderwerfen ist nicht nur von methodologisch, sondern auch soziologisch gravierender Bedeutung, denn es führt zur Selbstversklavung des Menschen unter die von ihm gesetzten und benützten rangniedrigeren Bedingungen, anstelle der von oben, vom Ganzen her erfolgenden Überschau über seine eigenen Entwicklungsnotwendigkeiten und -möglichkeiten.

Die charakterisierten Blindheiten und die ihnen entspringenden Verwechslungen bekunden sich in einem »Zwang zum Denken in der falschen Richtung, was zweifellos durch die geschichtliche Entwicklung der Naturwissenschaften bedingt ist.« »Wohin jenes Denken der Biologie, das im Dogma seinen prägnantesten Ausdruck gefunden hat, letzten Endes führt, zeigt die gegenwärtige weltweite Krise der belebten Natur mit aller nur wünschbaren Deutlichkeit.« Der bedeutsamste Grund dieser Katastrophensituation ist das Fehlen einer klaren »Einsicht in die Bedeutung der wissenschaftlichen Tätigkeit selbst«. »Wir sind im Sinne der Scholastik Nominalisten. Die notwendige Neuorientierung unseres Denkens bestünde darin, daß wir Realisten werden, d. h. einen Begriff wie ›Zelle‹ als ein wirkendes Prinzip, als eine dem Stofflichen übergeordnete Realität auffassen.«

Die hier zu Wort gekommene Stimme, welche die Sprache eines wirklichkeitsgemäßen und umfassenden Denkens spricht, legt aber gerade in ihrer sich abhebenden Charakteristik Zeugnis ab für die herrschende Meinung und Denkgewohnheit der heutigen Biologie sowie der autoritär naturwissenschaftlichen Forschungsrichtung überhaupt. Man kann hieran der Weltgefahr des wissenschaftlichen Materialismus ansichtig werden, die alle anderen Gefahren übertrifft, weil sie deren Quelle ist.

III

Seelische Beobachtungsresultate nach naturwissenschaftlicher Methode

Kehren wir von hier aus zu unserer Ausgangsfrage zurück. Diese betraf den Beweis für die Wiederkehr des menschlichen Geistes in sich folgenden Erdenleben, wie er sich Straders strengem Denken nach naturwissenschaftlicher Methode ergibt. Im Sinne dieses Denkens könnte man freilich geneigt sein, die Anschauung zu vertreten, daß ebenso wie Lebendiges nur von Lebendigem, so Geistiges nur von Geistigem abstammen könne. Die heutige Biologie nimmt aber die abiogene Bildung organischer Substanzen an und verwischt damit den Unterschied von Organischem und Anorganischem. Hat man derart bereits das Lebendige als ein Mechanisches gedeutet und damit die Sprache der Natur in dieser Denkweise zum Verstummen gebracht, dann hat man sich gleichzeitig auch geistblind und seelentaub gemacht und sich mit der Verleugnung des eigenen Geistes der Frage nach dessen Herkunft entzogen. Die Deutung des Lebendigen als eines Mechanischen schließt die gleiche Deutung des Seelischen und Geistigen ein.

Gerade angesichts dieser Tatsache kann uns aber die volle Bedeutung der Erkenntnishaltung Straders bewußt werden. Denn er betont mit dem größten Nachdruck die ihn leitende Überzeugung, daß es der Verleugnung alles wissenschaftlichen Fortschrittes, also gerade seiner zu unserer Zeit erreichten naturwissenschaftlichen Höhe gleichkäme, wollte man die Einsicht in die Wiederholung der Verkörperungen des Menschen abweisen. Dem Sinn dieser Aussage nähern wir uns, wenn wir bedenken, daß die Konsequenz der neueren naturwissenschaftlichen Forschungsart deren uneingeschränkte Anwendung auf alle Wahrnehmungsbereiche sein müsse. Das Grundprinzip der naturwissenschaftlichen Forschungsart ist ein methodisches, jedoch nicht im Sinne einer von einem bestimmten Gegenstandsgebiet her bestimmten »Einheitsmethode«, wie es geschieht, wenn man die am Materiellen entwickelten Begriffe und Denkgewohnheiten zur Allgemeingültigkeit für alles Wirkliche verabsolutiert. Vielmehr ist jenes Prinzip eine methodologische Grundhaltung in der Anwendung des Denkens, die gerade zu einer gegenstands- und bereichsspezifischen Methodenvielfalt führt. Denn dieses einheitliche Grundprinzip, das den eigentlichen Fortschritt der neueren Naturwissenschaft und ihre bleibende Errungenschaft darstellt, verlangt, Begriffe nur insoweit anzuwenden, als sie mit direkt oder indirekt Wahrgenommenem in unmittelbare, also nicht durch Annahmen vermittelte Übereinstimmung gebracht werden können. Der Sinn ihrer Strenge besteht demgemäß in der Abweisung von Tendenz und Spekulation, also von Voraussetzung und Schlußfolgerung, soweit diese nicht nur ein denkexperimenteller Ansatz einer angestrebten unmittelbaren Vereinigung von Wahrnehmung und Begriff sind. Dieses Prinzip schließt also die Voraussetzung über die Anwendbarkeit von vorgedachten Begriffs- und Vorstellungsbildungen auf bestimmte Gegenstandsbereiche aus. Das naturwissenschaftliche Erkenntnisideal (auf dessen genauere Rechtfertigung[57] hier verzichtet werden muß) behält seine methodische Bedeutung auch dann, wenn die heutige Naturwissenschaft im einzelnen Fall und in weiten Bereichen immer wieder dagegen verstößt. Straders Anliegen ist es aber, dieses Erkenntnisideal und methodische Prinzip auch auf das seelisch-geistige Wesen des Menschen anzuwenden, um dadurch Aufschluß über dessen Fähigkeiten und deren Vorprägung zu gewinnen. Dazu ist es aber zunächst notwendig, die naturwissenschaftliche Methode auf das eigene Erkenntnisverhalten des Menschen und damit auf das Denken anzuwenden, das ja allem Erkennen und allem menschlichen Verhalten zu Grunde liegt.

Rudolf *Steiner* hat diese Grundanstrengung zur Überwindung des modernen Aberglaubens vollbracht, indem er in seiner »Philosophie der Freiheit« »seelische Beobachtungsresultate nach naturwissenschaftlicher Methode« über das menschliche Denken und Erkennen niederlegte. Er hat sich in diesem Werke aller Voraussetzungen und Schlußfolgerungen enthalten, indem er über das menschliche Denken und Erkennen nur solche Begriffe entwickelte, die sich mit den beobachteten Denk- und Erkenntnisvorgängen in unmittelbare, objektiv bestimmte Übereinstimmung bringen lassen. Damit hat er den sicheren Grund für eine künftige universelle Ausdruckswissenschaft gelegt. Denn er hat bei der Entwicklung seines Problems nicht nur selbst alle materialistischen und ideali-

57 Der Verfasser hat sich mit dieser Frage in anderem Zusammenhang beschäftigt. (z. B. »Strukturphänomenologie«, Dornach 1983)

stischen Voraussetzungen und Schlußfolgerungen gemieden, sondern auch ihren verführenden Einfluß in anderen Gedankengängen enthüllt. Hier liegt gerade im Sinne naturwissenschaftlicher Strenge der Ausgangspunkt des Straderschen Gedankenganges.

Vom Denkblick

Versuchen wir, diesem Gedankengang in allmählich aneinandergereihten Schritten zu folgen. Der Ausgangspunkt jedes Erkennens kann nur das »rein« Wahrgenommene und Beobachtete sein, das also nicht schon von vornherein mit Bestandteilen aus dem eigenen Seelenleben des Erkennenden vermischt, daher unbelastet ist durch den Einfluß von Vorurteilen (Voraussetzungen und Schlußfolgerungen), Bevorzugungen (Sympathien und Antipathien) und Absichten (instrumentalen Vorgriffen und Wertungen). Das rein Wahrgenommene darf demgemäß keiner bewußt oder unterbewußt vorweggenommenen Deutung im idealistischen, materialistischen oder irgend einem anderen Sinne unterliegen. Es muß begriffs- und überhaupt erlebnisfrei in einer Zuwendung des erfahrenden Menschen aufgefaßt werden, die sich streng selbst beherrscht und allein ihm gilt. Alles, was sich derart »rein« darbietet, mit der gleichen selbstbeherrschten und völlig selbstlosen Zuwendung entgegenzunehmen, gilt dem modernen Menschen als der ideale Ausgangspunkt seines Erkennens. Diese Erkenntnishaltung schult sich zunächst an der Außenwelt, also an solchen Beobachtungen, für die sich bei deren Zusammendenken mit den Beobachtungen, die man an der eigenen Leibesorganisation macht, ergibt, daß sie durch diese Organisation vermittelt sind. Das derart Vermittelte zeigt sich als das völlig Begrifflose, und an ihm entwickelt sich der völlig selbstlose Blick. Die Schulung dieses Blickes ist die Haupterrungenschaft der modernen Naturwissenschaft. Und der Menschheit durch diese Schulung ein neues Organ eingepflanzt zu haben, wird ihr unvergängliches Verdienst und ihr die Zeit überleuchtender Ruhm auch dann bleiben, wenn sie immer wieder gegen ihren ursprünglichen Auftrag und ihre eigene echte Größe verstößt.

Dieses an der »Außenwelt« herangebildete erblickende Organ kann dann im gleichen Sinne auch auf die Erscheinungen des eigenen menschlichen Seelenlebens gerichtet werden. In beiden Fällen vermittelt es eine Fülle von Wahrnehmungsinhalten, die als solche zunächst völlig begriffs- und damit völlig bestimmungsfrei sind. Man muß sich dies mit der größten Eindringlichkeit klar machen. Gelingt dies, dann wird auch ersichtlich, daß dem derart »rein« Wahrgenommenen und Aufgefaßten nicht nur Bestimmungen wie etwa jene des Räumlichen und Zeitlichen, der Einheit und Vielheit fehlen, sondern hier auch noch die Unterscheidung in Äußeres und Inneres, Physisches und Seelisches derart ausdrücklich entfällt, daß von dem rein Wahrgenommenen als solchem zunächst nicht entschieden werden kann und darf, ob es dem stofflichen, seelischen oder geistigen Bereiche angehöre[58]. Darüber kann erst durch die Anwendung der jeweils zugehörigen Begriffe ein Urteil gebildet werden. Es wäre daher sehr ungenau, zu formulieren, das in Rede stehende Organ werde an Wahrnehmungen der Außenwelt entwickelt, weil Wahrnehmungen als solche weder der Außen-, noch der Innenwelt angehören. Wohl aber hat die Aussage, daß es zunächst an der Außenwelt herangebildet werde und diese dadurch erst in ihrem Unterschied zur Innenwelt (anders als in früheren Epochen) bewußt werde, einen Sinn.

Das Merkmal, an dem die Zugehörigkeit bestimmter Begriffe zu bestimmten Wahrnehmungen erkannt wird, liefert wiederum die Beobachtung, also keine *nur* aus dem begrifflichen Bereich schöpfende Voraussetzung oder Schlußfolgerung. Dabei ist es im Sinne des naturwissenschaftlichen Methodenideals, Begriffe nur in Übereinstimmung mit den Gegenständen der Beobachtung anzuwenden, entscheidend, daß die spezifische Differenzierung der Begriffe (die ihrer Herkunft nach

58 Die Vertreter der *Gestaltpsychologie* (deren Verdienste übrigens durch diese Bemerkung nicht geschmälert werden sollen), die hiergegen naheliegende Einwände erheben, verwechseln den (unterbewußten) Gestaltaufbau mit der »Wahrnehmung« von Gestalten, das vorbewußte Denken mit dem Wahrnehmen, die Beobachtung subjektiver Begleiterlebnisse und deren Gestaltaufbau mit dem objektiv Wahrgenommenen, Unterschiede und Beziehungen mit Wahrnehmungen, die (vorgeordnete) Wahrnehmungsunterlage der Gestalten mit den ordnenden Akten und ihren Ergebnissen, kurz Tätigkeiten mit Gegebenheiten. Käme es darauf an, Einwände gegen das in dieser Skizze Ausgeführte vorzubringen, dann fiele es dem Verfasser leicht, diese und andere selbst zu entwickeln. Seine (freilich der weiteren Ausgestaltung bedürftigen) Ausführungen leitet aber das ganz andersartige Bestreben, den Leser dazu anzuregen, sich auf den weiten Umkreis jener Zusammenhänge zu besinnen, welche die Stützen des Straderschen Gedankenganges tragen.

ja stets allgemein sind), also das, worin sich ihre Tatsachenzugehörigkeit ausdrückt, lediglich durch ihren Zusammenstoß und Zusammenklang mit diesen Tatsachen bestimmt werden darf. Keinesfalls aber kann über diese Zugehörigkeit durch ein Schöpfen des Erkennens aus dem Umfange dessen, was ihm im Bereich des Vorstellens, also von »innen« her verfügbar ist, entschieden werden. Die legitime Zugehörigkeit eines Begriffs zu einer Wahrnehmung oder einem Wahrnehmungsbereich drückt sich (gemäß der methodischen Forderung der naturwissenschaftlichen Erkenntnisart) in einem selbst wahrnehmungsbestimmten Merkmal aus. Im Sinne der »Philosophie der Freiheit« Rudolf *Steiners* sei für den individualisierten (also auf Wahrnehmliches bezogenen) Begriff der Ausdruck »Vorstellung« gebraucht[59]. Das Merkmal der Zugehörigkeit eines Begriffs zu einem Wahrnehmlichen ist also dessen Individualisierung vom Objekt her.

Die wirklichkeitsgemäßen Vorstellungen sind demgemäß objekt- und nicht subjektgeprägte Begriffe. Daher müssen die Vorstellungen, die im Erkenntnisprozeß entwickelt werden, auf ihren Anteil an Subjekt- und Objektprägung untersucht und dementsprechend hinsichtlich ihres Wahrheitsgehalts beurteilt werden. Diese Unterscheidung wird, wiederum im Sinne und Stile der naturwissenschaftlichen Methode, allein durch die Beobachtung bestimmt, d. h. durch die betrachtende Bewußtmachung und Kontrolle des jeweiligen Erkenntnisvorgangs, die in Erfüllung des Anspruchs selbstkritischer Strenge bei keiner Art von Urteilsbildung fehlen dürfte[60]. Der Sinn und die Aufgabe dieser Prüfung betrifft die Art, in welcher die entwikkelten Vorstellungen (nun wiederum als Wahrnehmungen) vor die Beobachtung treten, die sich ihnen zuwendet, d. h. wie beschaffen die Merkmale sind, die ihre Beziehung zu den Wahrnehmungen anzeigen, hinsichtlich deren ihr begrifflicher Gehalt individualisiert ist. Die zu beurteilenden Vorstellungen sind also einerseits auf die ihnen zugeordneten Wahrnehmungen bezogen, anderseits sind sie selbst Wahrnehmungen für die ihnen geltende Beobachtung und Beurteilung. Die Frage, die

59 Rudolf *Steiner*, Die Philosophie der Freiheit, 1921, 68, 102, 103ff., 110f., 198.

60 Der Verfasser hat eine Reihe von Untersuchungen (deren Inhalt hier im einzelnen nicht entwickelt werden kann) der alten, für alles Erkennen grundlegenden Frage nach dem »Kriterium der Wahrheit« gewidmet.

es bei dieser Beurteilung zu entscheiden gilt, lautet, ob die Merkmale der Vorstellungen von den Wahrnehmungen, auf welche sie sich beziehen, *her*geprägt sind, oder ob dieser Bezug dadurch entstand, daß die betreffenden Vorstellungen (mit Hilfe anderer Vorstellungen) den Wahrnehmungen *zu*geprägt wurden, also bewußte oder unterbewußte Annahmen sind.

In der ständigen Selbstbeherrschung und Selbstkontrolle während des Beobachtungs- und Erkenntnisvorgangs tritt der Erkennende als freies Ich den Inhalten seines eigenen Bewußtseins gegenüber. Denn er bewahrt sich im Gewinnen wirklichkeitsgemäßer Vorstellungen fortwährend vor dem Einfluß aller unkontrollierten inneren und äußeren Einflüsse. Diese Forschungs- und Erkenntnisfreiheit, welche durch die moderne naturwissenschaftliche Erkenntnisgesinnung zunächst instinktiv entwickelt, dann immer bewußter geschult wird, wenn sie auch erst spät zur vollen Selbstbewußtheit reift, kann schließlich auch auf das Denken angewendet werden. Die Bedeutung dieser Anwendung kann nicht überschätzt werden. Denn sie ist (mag diese Feststellung zunächst auch grotesk erscheinen) die Tathandlung, durch welche wir selbst über eine freie, heilsame und menschenwürdige Fortentwicklung unserer Kultur und damit über unsere Zukunft die Entscheidung fällen. Vor dem Blicke dieser von jedem Vorurteil freien Aufmerksamkeit erscheint auch das Denken zunächst ebenfalls mit dem Charakter des Wahrnehmlichen, also der ihm von keiner anderen Seite zugeführten Bestimmung, d. h. der Bestimmungslosigkeit. Es erhält seine Bestimmung erst durch die ihm entsprechenden Vorstellungen, die wie alle anderen, legitim gewonnenen Vorstellungen aus Begriffen entstehen, die von dem beobachteten Wahrnehmlichen, also im vorliegenden Falle vom Denken her bestimmt, spezifiziert, individualisiert wurden. Diese Bestimmungen leuchten freilich als Selbstbestimmungen des Denkens auf, weil ihre Individualisierung nicht dadurch erfolgt, daß sie von dem ihnen zugeordneten Wahrnehmlichen als einem Andersartigen festgehalten werden, sondern dadurch, daß sie mit diesem übereinstimmen und zusammenfließen. Dies sind keine abstrakten Aussagen, sondern Ergebnisse der seelischen Beobachtung, die nach naturwissenschaftlicher Methode auf das Denken angewendet und selbst in der Anwendung geschult wird. Diese Aussagen werden daher nicht durch Schlußfolgerungen gewonnen und als Ableitung verständlich, sondern erblickt. Das unmittelbare Zusammenfließen eines Bewußtseinsinhaltes mit anderen Bewußtseinsinhalten, die an ihn so herangeführt werden, daß das heranführende (auf der Subjektseite stehende) Bewußtsein sich nicht mehr von dem anderen (auf der Objektseite stehenden) Bewußtsein unterscheidet, welchem das Herangeführte zustrebt, nennt man Schauen. Begriffe werden also in ihrer beweglichen Lebendigkeit geschaut. Dagegen werden Vorstellungen an den ihnen entsprechenden Wahrnehmungen gespiegelt (reflektiert). Dieses Merkmal der Reflexion behalten sie auch als Erinnerungsvorstellungen in Gestalt ihrer Spiegelung an den bildhaften Bestandteilen, auf die sich ihr begrifflicher Gehalt bezieht.

Ein Übungsbeispiel seelischer Beobachtung, das zugleich das Vorausgehende verdeutlicht

Die seelische Beobachtung nach naturwissenschaftlicher Methode ist die Grundübung des modernen Wissenschafters und überhaupt des modernen Menschen. Da ihr diese grundlegende schulungsmäßige Bedeutung zukommt, sollen die Beobachtungsschritte, welche im Vorausgehenden zurückgelegt wurden, jetzt nochmals in übersichtlicher und ins einzelne gehender Form aufgeführt werden. Dies geschieht zugleich zum Vorteile der hier unternommenen Darstellung, weil dadurch eine Schwierigkeit überwunden wird, vor die sich die seelische Beobachtung des Denkens gestellt sieht, sofern sie es mit ihrer Aufgabe ernst meint.

Bei der Überschau des Beobachtungsfeldes, das im vorausgehenden Abschnitt umrissen wurde, muß man sich die folgenden Tatsachen vergegenwärtigen:

1. DIE SCHULE DER LEIBLICHKEIT UND DAS ERREICHEN DES SICHEREN EILANDS

Die selbstentäußerte (sich aller Vorgriffe enthaltende) Beobachtungsfähigkeit, die sich auf alle Beobachtungsbereiche, einschließlich jenes des Denkens, erstreckt, ist durch ihre Zuordnung zu jener Art der leiblich-seelischen Organisation vermittelt, die für die Menschen unserer Zeit charakteristisch ist. (Daß die Wirkungsweise dieser Organisation und damit ihre Beschaffenheit in früheren Epochen eine andere war als in der gegenwärtigen, ergibt sich aus den vorurteilslos gewonnenen und gedeuteten seelengeschichtlichen und kulturwissenschaftlichen Befunden). Durch die gegenwärtige besondere Verfassung unserer Leiblichkeit werden wir (wie hier ausgeführt wurde) solcher Beobachtungsinhalte inne, die zunächst aller Bestimmungen und Zusammenhänge ermangeln, während das Denken zu ihnen fortwährend die Bestimmungen und Zusammenhänge hinzufügt. Dies zeigt sich der Beobachtung (dem Denkblick) dadurch an, daß sich jede Wahrnehmung der ihr zugewandten Beobachtung als eine und dieselbe darbietet. In dieser Unvertauschbarkeit hält die Wahrnehmung die zugewandte Beobachtung fest. Das Wahrgenommene enthüllt sich also der Beobachtung sofort als ein solches, das nicht auch ein anderes sein kann. Nur was (für jede Bestimmung) sich als ein Eindeutiges und Unvertauschbares zeigt, ist Wahrnehmung, sonst wird es eben nicht wahrgenommen. Sobald aber ein Wahrnehmbares, z. B. »dieses« Rot bestimmt wird, geht die Bestimmung (dies ist ihr Wesen) zu anderen (»äußeren« oder »inneren«) Elementen über, die in der Reichweite unseres Erkennens liegen. Dieser Übergang geschieht durch das Denken. Denn dieses bekundet sich im Gegensatz zu der Zusammenhangslosigkeit des Wahrnehmlichen für die ihm geltende Beobachtung in jedem seiner Elemente (Begriffe) als der Zusammenhang durch sich selbst, also der Übergang. Jeder der Begriffe des Denkens ist zugleich er selbst *und* der Übergang zu anderen Begriffen. Derart unterscheiden sich die Bereiche des Wahrnehmbaren und des Denkbaren. Daher geschieht alles Hinausgehen über die Vereinzelung des Wahrnehmbaren durch das Denken und ist jede Art von Bestimmung eine Denkbestimmung[61].

61 Während es, um dies einzusehen, nur der Beobachtungswachheit bedarf, ermangelt ein Satz wie der folgende der Bewußtheit: »Nun gehört es aber zum ontischen Charakter der Kausalursache, daß die von ihr bewirkten W_3 [die Folgezustände eines von einer Wirkung betroffenen Gegenstandes, die sich an die erste Veränderung durch die einwirkende Ursache anschließen] eine Variationsbreite haben, die je nach der Seinsspezifität des B [des von der Wirkung betroffenen Gegenstandes] verschieden groß ist. Wissen wir dies nur aus Erfahrung, dann kann auch der Kausalbegriff nicht ohne ein Erfahrungsmoment gewonnen werden« (H.-E. *Hengstenberg*, Zur Frage nach dem Ursprung des Kausalbegriffs, in: Zeitschr. für philosophische Forschung 27, 2, 242). Hier werden Begriff und Vorstellung verwechselt. Der Grund dieser Verwechselung ist, daß diese Untersuchung nicht von der seelischen Beobachtung ausgeht und sich daher auch nicht die Vorgänge zum Bewußtsein bringt, die sich

Durch unsere Leiblichkeit (bzw. Organisation) wird uns also ein bestimmter Bewußtseinszustand vermittelt. Es ist jener Bewußtseinszustand des Gegenüberstehens gegenüber einem von keiner subjektiven Trübung und Hinzufügung Veränderten, sich nur durch sich selbst Offenbarenden. Dieser Bewußtseinszustand ermöglicht es dem modernen Menschen, in naturwissenschaftlicher Erkenntnisstrenge und Erkenntnismoral gerade durch völlige Selbstlosigkeit seine Freiheit und Selbständigkeit zu entwickeln. Hierauf beruht es, daß er sich als selbstbewußtes Ich zu erleben vermag. Er geht also in die Schule seiner Leiblichkeit. Diese Leiblichkeit ist erstaunlicherweise das Schulungsmittel, durch welches er jenen Teil seiner erkennenden Tätigkeit, der in Gestalt der Beobachtung auftritt, zu jener Höhe erheben lernt, die ihn von jenen Einflüssen, welche aus seiner Leiblichkeit stammen oder ihn durch deren Vermittelung erreichen, unabhängig macht. Der Einfluß seiner Leiblichkeit auf andere Bereiche seines Seelenlebens dauert dabei freilich, solange ihm nicht durch besondere Maßnahmen begegnet wird, an. Im Falle der Beobachtung wird dagegen die Leiblichkeit für den Erkennenden derart wirksam, daß sie ihn eines gegenständlichen (gegenüber-ständlichen) Gebietes ansichtig werden läßt, an dem er den von jeder Beeinflussung (also auch jener der Leiblichkeit) freien Blick, welcher nichts anderes als Zuwendung zu dem sich von sich selbst her Zeigenden ist, entwickeln und schulen lernt. Sobald der Erkennende (als Beobachter der Welterscheinungen wie seiner selbst) dieser bewußtseinsmäßigen Einzigartigkeit seines Beobachtens (wiederum durch Beobachten) inne geworden ist und er sich ihr in völliger innerer Enthaltsamkeit gegenüberstellt, hat er auch schon innerhalb seines Beobachtungsbereichs jene sichere Insel erreicht, die zugleich Freisein und Freilassen bedeutet. Es ist jenes Eiland, das zwar von dem Meer der Tatsachen umflutet

bei der Verbindung von Wahrnehmung und Begriff abspielen. Der Zusammenhang von Ursache und Wirkung wird (wie jeder rein begriffliche Zusammenhang) leibfrei und ungestützt von außerbegrifflichen Wahrnehmungen in seiner Allgemeinheit geschaut. Dagegen werden seine Individualisierungen (Spezifikationen), die sich bei der denkenden Beobachtung der primären Einwirkung und deren Folgen ergeben, vorgestellt, d. h. durch die Verbindung des allgemeinen Begriffs mit dem jeweils Wahrnehmlichen gewonnen. Die so gebildeten Vorstellungen können aber nichts zum »Gewinnen« des Kausalbegriffs beitragen, sondern setzen diesen voraus, da sie sich als seine Metamorphosen bei seiner Vereinigung mit dem Wahrnehmlichen ergeben.

wird, ihm aber in einer Höhe und Festigkeit entragt, die nie überspült werden kann. Die dadurch erlangte Unabhängigkeit und Selbständigkeit sowie ihren Bewußtseinsgrad kann der Erkennende dann auch dem Denken selbst, dem Geiste gegenüber bewahren.

2. EINE GROSSE SCHWIERIGKEIT

Angesichts des Denkens übt das gekennzeichnete Beobachtungsorgan (wie im vorausgehenden Abschnitt ausgeführt wurde) die gleiche Kontrolle aus, wie gegenüber anderen Beobachtungsbereichen. Dies bedeutet, daß wir auch dem Denken gegenüber in der Lage sind, die unterbewußte Hinzufügung bereits vorgeformter Bewußtseinsinhalte von seinem Gegenstandsbereich abzuhalten; es bedeutet zugleich die methodische Forderung, uns des Denkens ebenso durch »Wohl-Beschauen« und »Rein-Auffassen« *(Goethe)* zu vergewissern, wie jedes anderen Gegenstandes des Erkennens. Auch hier muß sich also die Verbindung von Wahrnehmung und Begriff durch die erst im Erkenntnisakte entschiedene spezifische Zusammengehörigkeit beider Elemente herausbilden. Dabei tritt das oben[62] bereits charakterisierte Zusammenfließen beider Elemente ein, welches zum Schauen führt und als Schauen ausgeübt wird. Der »rein« beobachtete Denkbereich (bzw. jedes seiner begrifflichen oder ideellen Elemente) muß also wiederum die Begriffe, die zu seiner Bestimmung an ihn herangeführt werden, derart prägen, daß sie die Gestalt annehmen, die der Sache (hier: dem Denken) angemessen ist und in den Urteilen zum Ausdruck kommt, die ihr gelten.

Hier scheint sich allerdings eine große Schwierigkeit zu erheben. Wenn nämlich (ebenso wie jedes andere Wahrnehmliche) auch das Denken zunächst »rein«, also in seinem ersten Auftreten ohne jede begriffliche oder vorstellungsmäßige Hinzufügung aufgefaßt werden muß (da anders subjektive Verfälschungen von ihm nicht abgewehrt werden können), dann entsteht der Anschein, als werde man hier in den verkehrtesten Regreß (in ein immer wieder neu anhebendes Zurückgreifen der Begründung) verstrickt. Denn die Begriffe, die an das primär, also ohne begriffliche Hinzufügung beobachtete Denken sekundär herangeführt werden, scheinen einer ebensolchen, sich völlig

62 Vgl. S. 74f.

zurückhaltenden Auffassung und im Anschluß an diese einer (nunmehr tertiären) Ergänzung bedürftig zu sein. Träfe dies zu, so würde das Beobachten und Begreifen ohne Entkommen vom rückflutenden Sog des Unendlichen fortgerissen.

3. EINE ENTSCHEIDUNG VON GRÖSSTER BEDEUTUNG

Intellektualismus und geistiges Schauen: Angesichts dieser Schwierigkeit muß die Prüfung des eigenen Erkenntnisverhaltens eine Entscheidung fällen, welcher die denkbar größte Bedeutung zukommt. Einerseits scheint sich das nur schlußfolgernde Denken (die Ableitung von Begriffen aus anderen Begriffen, die *Deduktion*) durch seine Überschaubarkeit zu empfehlen. Ein Beispiel hierfür ist die in Rede stehende Überlegung, die in einen unendlichen Regreß ausläuft. Anderseits kann sich die Schlußfolgerung (Deduktion) nicht von der Benagung durch den Zweifel an ihrem Wirklichkeitsgehalt schützen, weshalb die heutige Wissenschaft auf Grund beobachteter Gleichförmigkeiten und Regelmäßigkeiten bestimmte (zunächst oder grundsätzlich) unbeobachtbare Elemente annimmt, auf welche das Bestehen von Regelmäßigkeiten zurückführbar sein soll *(Induktion)*. Das beobachtende Erkenntnisverhalten in seiner Anwendung auf alle Wirklichkeitsbereiche (also auch auf das Erkennen selbst) unterscheidet sich als moderne methodische Möglichkeit in gleicher Weise von der Induktion und Deduktion. Die seelische Beobachtung ist bei dem in Rede stehenden Falle (wie im allgemeinen) nicht auf die nur vorstellbare Schlußfolgerung angewiesen. Das für sie gültige Zeugnis ergibt sich vielmehr aus der im Erkenntnisexperiment entstehenden (oder auch bei dessen Mißerfolg nicht entstehenden) Verbindung von Wahrnehmung und Begriff. Diese Vereinigung im Erkenntnisexperiment tritt in der gleichen Weise vor den nach innen gerichteten Blick wie das Ergebnis eines mit physischen Mitteln durchgeführten Experiments vor die nach außen gerichtete Aufmerksamkeit. Gegenüber den Befunden der Beobachtung sind die Ergebnisse, die nur aus Schlüssen folgen oder als Annahmen unterstellt werden, mögen sie dem Intellekt noch so durchsichtig oder wahrscheinlich erscheinen, keineswegs verbindlich und aussagekräftig. Hier scheiden sich die ältere intellektualistische und die moderne schauende Bewußtseinshaltung. Diese moderne Bewußtseinshaltung heraufzuführen, war und ist die Aufgabe der neueren Naturwissenschaft; ihre Bedeutung übertrifft bei weitem jene ihrer gegenständlichen und instrumentalen Leistungen. Die Befreiung der geistigen Blickfähigkeit des Menschen, die Schulung eines Schauens, das alle Vorurteile und Absichten in völlig sachgetreuer Zuwendung zu dem sich ihm Darbietenden abstreift, ist ihr großes Vermögen und ihr bewußtseins- und kulturschöpferischer Beruf. In diesem Lichte muß die Schwierigkeit gelöst werden, die gerade dem Denken gegenüber auftritt, wenn bei seiner Untersuchung Wahrnehmung und Begriff nach naturwissenschaftlicher Methode verbunden werden soll; d. h. die Lösung ergibt sich durch den Blick auf jene beobachtende Instanz, deren Zuständigkeit für alle Beobachtungsbereiche hervorgehoben wurde. Sie wird damit selbst zum Gegenstand der Beobachtung gemacht. Für die Beobachtung zeigt es sich, daß die Funktion jener Instanz (des Denkblicks), mit der sich das Erlebnis der Freiheit und Selbständigkeit verbindet, gerade an der vorliegenden Schwierigkeit deutlich wird.

Während dem Denkblick im nichtgedanklichen Bereich Gegebenheiten von ihm zunächst fremder Beschaffenheit und Herkunft begegnen, kann er sich die intimste Verwandtschaftsbeziehung zum gedanklichen Bereiche zuschreiben. Alle begriffliche Durchdringung des Nichtbegrifflichen kann doch nur zu einem Erkennen führen, welches des Wesens des ihm Begegnenden durch inneres Nachschaffen, nicht aber durch ursprüngliches Schaffen inne wird. Den Begriffen und Ideen gegenüber können und müssen wir uns aber die Rolle des Hervorbringers zuschreiben, ohne daß dadurch ihre von uns unabhängige Beschaffenheit und die unserer Willkür entzogene Unveränderlichkeit ihrer Zusammenhänge berührt würde. (Hierauf beruht es ja u. a., daß sich das Denken im Prinzip immer wieder als Verständigungsmittel bewährt. Denn einen Streit kann es nicht über die sich selbst bestimmenden Begriffe, sondern nur über die Vorstellungen geben, die man von ihnen entwickelt).

Am Denken unterscheiden wir demgemäß Akt und Inhalt. Die Denkinhalte sind uns durch unsere eigenen Denkakte und nur durch diese gegenwärtig. Der Denkakt ist also das Mittel ihrer Vergegenwärtigung in unserem Bewußtsein. Nun kann aber der Denkwille (der mit unserem eigenen Wesen verbundene, von uns ausgehende Tätigkeitsgehalt des Denkens) nicht nur als Denkakt dieser Vergegenwärtigung der Denkinhalte dienen. Er kann sich von den Denkinhalten loslösen und, anstatt in sie überzugehen, sich in sich selbst zurückziehen. Im vorliegenden Zusammenhang ist es von besonderer Bedeutung, auf diesen Stauungsvorgang das Augenmerk zu richten. Der hervorbringenden Betätigung des Denkwillens sind die Denkinhalte so zugänglich, daß sie zu Bewußtseinsinhalten werden. Der völlig selbstlose Denkwille, der sich des Übergangs in die Denkinhalte enthält, wird zum Beobachtungsorgan. Dieser selbstlose Denkwille stellt sich als der freie Beobachtungs- und Erkenntnisblick, als Denkblick[63] dar, als am Leibe errungene, doch sich vom Leibe unabhängig machende Willensbewußtheit. Der Denkblick wendet sich dem gedanklichen wie dem nichtgedanklichen Beobachtungsfelde im seelisch beobachteten Erkennen zu, bevor die gedankliche Durchdringung der jeweiligen Beobachtungsgegenstände einsetzt. Ein Denkinhalt, der zuerst durch den Denkakt Bewußtseinsinhalt wurde, kann daher nachträglich durch den Denkblick zum Gegenstand der Beobachtung gemacht werden. In dem ersten Falle findet ein Übergang des Willensantriebs unseres Denkens in dessen Inhalte statt. Im zweiten Falle hält sich diese Aktivität, jenen Übergang vermeidend, in sich selbst zurück. Der Blickcharakter unserer Denkaktivität entwickelt sich durch diese Willensstauung, durch das Zurückhalten jener inneren Tätigkeit, deren Ausströmen in die Denkinhalte wir das Erlebnis des Hervorbringens unseres Denkens verdanken. Das Wort »Beobachtung« ist gleichbedeutend mit dem Worte »Denkblick«. Beide Wörter meinen die reine und universelle Blickfähigkeit, der alle Wahrnehmungsbereiche, einschließlich jenes des Denkens, insoweit dieses als Wahrnehmung Gegenstand der Beobachtung ist, zugänglich sind.

63 Fercher von Steinwand, Chor der Urträume:
»Dort mit dem sehenden
Willen beladen
Schwenken sich unsere Fähren in Schwaden
Zwischen entstehenden
Wundergestaden.«

4. DIE LÖSUNG: DER DENKWILLE ALS PROTEUS IM PENDELSCHLAG ZWISCHEN DENKAKT UND DENKBLICK; DIE VERWANDLUNG VON ERBLICKEN UND ERBLICKTWERDEN INEINANDER

Aus der Beobachtung dieser Zusammenhänge geht hervor, daß jener unendliche Regreß nur ein Gespenst des Vorstellens, nicht aber ein echtes Hindernis des Erkennens ist. Freilich kann ein Denkinhalt erst dann Gegenstand der Beobachtung werden, wenn zuvor der Willensanteil in ihn einströmte, der auch den Denkblick bildet. Dies stellt sich der Beobachtung, also wiederum dem Denkblick unmißverständlich dar. Mit der gleichen Deutlichkeit unterscheiden sich aber auch Denkakt und Denkblick voneinander. Der Willensanteil des Denkens besitzt also die Eigenschaft, sich einerseits mit den Denkinhalten verbinden, anderseits von ihnen Abstand nehmen und derart ihnen blickend gegenübertreten zu können. Sobald der Denkwille diese Eigenschaften betätigt, kann er sich seinen Betätigungsweisen als Denkblick anschauend zuwenden und sich so zum Gegenstand der Selbstbeobachtung machen. Durch die Betätigung der einen dieser Eigenschaften, durch die Verschmelzung mit den Denkinhalten wird der Prozeß in Gang gesetzt, der diese ins Bewußtsein des denkenden Menschen einführt. Durch die Betätigung der anderen dieser Eigenschaften, durch die Zurückstauung, werden die von den Denkakten losgelösten Denkinhalte als Ergebnisse jenes Prozesses angeschaut. Der Denkblick ist also der *eine* Ausschlag eines Pendelns zwischen zwei Zuständen, die einander entgegengesetzt sind, doch sich ineinander verwandeln. Der *andere* Ausschlag dieses Pendelns ist der Denkakt. Der Denkwille erscheint in dieser Verwandlungsfähigkeit als ein wahrer Proteus, der zahllose Gestalten annehmen und ebenso jede von ihnen wieder abstreifen kann, um sich ihnen in ebenfalls immer neuer Art der Zuwendung gegenüberzustellen.

Freilich offenbaren die Denkinhalte, die sich vor dem Abstand nehmenden, »wohl« beschauenden Denkblick »rein« darstellen, ihr Wesen nur im Zusammenhang mit anderen Denkinhalten, die an sie herangeführt werden. Es ist aber von der größten Bedeutung, sich durch Beobachtung zu vergegenwärtigen, was durch diese Heranführung geschieht: a. Diese erfolgt auf die gleiche Weise wie die Einführung des ersten Denkinhaltes ins Bewußtsein, – nämlich durch den Pendelschlag in sie einströmender und sich von ihnen wieder ablösender, sich in sich zurückstauender Willensaktivität. b. Durch diese Verbindung gedanklicher Bewußtseinsinhalte miteinander, also die Heranführung weiterer Denkinhalte an einen bereits vergegenwärtigten Denkinhalt, wird zu diesem nichts ihm Äußerliches hinzugefügt, sondern das in ihm Liegende aus ihm herausgeholt. Man kann sich dies folgendermaßen zum Verständnis bringen. Sobald zwei Begriffe oder Begriffskomplexe auf die beschriebene Art im Bewußtsein vergegenwärtigt sind, wird (für den Denkblick) anschaulich, wie sie sich, indem sie sich verbinden und gleichzeitig voneinander unterscheiden, gegenseitig beleuchten, erläutern und erschließen. Das gleiche findet durch die Heranführung weiterer Begriffe und Begriffskomplexe in fortwährender Erweiterung, Erschließung und Durchdringung des ursprünglichen Bewußtseinsinhaltes statt. Dabei werden aber zu den Denkinhalten nicht solche Zusammenhänge hinzugefügt, die sie nicht bereits durch sich selbst aufweisen, also durch ergänzende Akte empfangen müßten, wie dies bei den nichtgedanklichen Wahrnehmungen der Fall ist. Würde ein Denkinhalt stets erst durch den nachfolgenden in der Weise erhellt und erschlossen, daß die ihm mangelnden Zusammenhänge zu ihm hinzugefügt werden, dann träte allerdings jener unendliche Regreß ein, welcher als abstrakt beobachtungsferne Hypothese zum Einwand gegen die Beobachtung des Denkens gemacht werden kann. Vielmehr erhellen und erschließen die früher aktualisierten und erblickten Denkinhalte die nachfolgenden ebenso, wie durch diese die ihnen vorausgehenden erschlossen werden. Da die Denkinhalte, die zuerst aktualisiert wurden, gegenüber den später aktualisierten die Stelle der Wahrnehmung einnehmen, treten ihnen die später aktualisierten Denkinhalte als Begriffe entgegen. Da aber ferner diese Begriffe im Falle des Denkens zu dem von ihnen Begriffenen nichts Neues hinzufügen, sondern nur schon Vorhandenes beleuchten, nimmt auch die Individualisierung einen anderen Charakter an als im Falle nichtgedanklicher Wahrnehmungen. In diesem Falle werden Begriffe auf bestimmte Ausgestaltungen der in ihnen liegenden Ausdrucksmöglichkeiten festgelegt. Wenn sich dagegen Begriffe gegenseitig beleuchten, behalten sie ihre Beweglichkeit und Anpassungsfähigkeit. Durch die »Beleuchtung« werden bei ihrem Zusammentreten lediglich bestimmte Seiten ihrer Vielseitigkeit hervorgehoben. Darin besteht in diesem Falle die Individualisierung. c. Das ge-

genseitige Sich-Erhellen und Sich-Erschließen der Denkinhalte tritt als ein wirkliches innerseelisches Ereignis sofort vor den Denkblick, sobald dieser (nach der Verwandlung in den Denkakt) durch weiteres Heranführen von Denkinhalten an bereits bewußte Denkinhalte und sich daran anschließendes Abstandnehmen von dem derart gebildeten Gedankenkomplex (durch die Zurückverwandlung in den Denkblick) die Bedingungen hergestellt hat, welche für eine solche Wechselwirkung erforderlich sind. Der Denkwille ist also ein Proteus, der sich in einem rhythmischen Geschehen (gleichsam atmend) fortwährend bald in die Gedankenwelt ausatmet, bald sich aus ihr in sich selbst zurücknimmt oder einatmet. d. Durch diese Wechselwirkung wird verhütet, daß ein Denkinhalt immer wieder von einem anderen Denkinhalt gestützt werden muß, denn die Denkinhalte stützen sich gegenseitig. Die Denkinhalte fügen zu den bereits bewußten Denkinhalten nicht neue Zusammenhänge hinzu, sondern beleuchten gegenseitig den in ihnen liegenden Zusammenhangsgehalt. Dadurch offenbaren sie sich als Glieder eines einheitlichen Ganzen, das jedes seiner Glieder so durchwirkt, daß wiederum jedes dieser Glieder den Ganzheitsbezug als sein Wesen aufweist. Darum kann es *Goethe* als »nicht wohlgetan« bezeichnen, von den Ideen in der Mehrzahl zu sprechen, da doch die Idee »ewig und einzig« ist. Der Begriff Ursache enthält als ein inneres Zusammenhangsmerkmal die Beziehung auf den Begriff Wirkung, und der Begriff Wirkung enthält ebenso als ein inneres Zusammenhangsmerkmal die Beziehung auf den Begriff Ursache. Diese Begriffe fügen durch ihr Zusammentreten nichts zueinander hinzu, sondern beleuchten das in ihnen Liegende unter verschiedenen Gesichtspunkten, z. B. jenem der Zeit. Dadurch wird bei ihrer gemeinsamen Vergegenwärtigung im Bewußtsein es auch notwendig, den Begriff der Zeit zu aktualisieren und den so gebildeten Komplex neu zu erblicken, wodurch sich neue Akte und Blickweisen ergeben. Der Fortschritt in der Entfaltung des geistigen Gehalts, der bereits in der ersten Bewußtmachung eines Denkinhaltes wie in einem Samenzustand eingeschlossen ist, hört allerdings nie auf. Aber dieser Fortschritt ist kein unendlicher Regreß, der nie die Stütze findet, welcher er zustrebt. Vielmehr ist dieser Fortschritt ständig durch die von Beginn an vorhandene Seinsart dessen gestützt, was sich in ihm entfaltet. Diese Tatsache kann man auch folgendermaßen ausdrücken: Der Denkwille blickt auf die von ihm aktualisierten Denkinhalte und deren Komplex. So erblickt er den in ihnen liegenden Gehalt an Zusammenhang. Dieser Zusammenhangsgehalt blickt aber gleichsam in Richtung der Aktualisierung anderer Begriffe. Dadurch wird der Denkblick selbst das Angeblickte, wodurch er sich in den Inhalt stiftenden Akt verwandelt. Derart verwandelt sich Erblicken und Erblicktwerden fortwährend ineinander und verschmelzen (wie bereits angedeutet wurde) die einander begegnenden Bewußtseinsgebilde miteinander. Dadurch entsteht jener Bewußtseinszustand, den man mit dem Worte »Schauen« bezeichnet; für ihn ist charakteristisch, daß der Unterschied von Subjekt und Objekt in einem sie Übergreifenden aufgehoben ist[64].

5. DAS BERUHEN IM GEISTIGEN

Weil der Fortschritt der Gedankenbildung ständig durch die ihr einwohnende Ganzheit gestützt ist, verleiht er auch dem übrigen Wahrnehmungsstoff, der solcher Selbststützung ermangelt, das Beruhen im Geistigen, das ihn durchzieht.

6. DENKEN UND ORGANISATION

Mit der Willensbewußtheit des Denkblicks blicken wir in den Denkbereich als einen solchen hinein, der sich der begrifflichen Durchdringung, die sich ihm zuwendet, als leibfrei darstellt. Denn dieser Bereich weist alle jene Merkmale auf, die dort fehlen, wo wir des Einflusses leiblicher Funktionen ansichtig werden. Der naheliegende Einwand, daß ein Denken ohne Gehirn und Nervensystem unbekannt sei (was häufig mit »unmöglich« verwechselt wird), muß sich nicht nur hinsichtlich des Umfanges seiner Kenntnis rechtfertigen, sondern vor allem das Folgende berücksichtigen: Daß der Denkvorgang zunächst nicht ohne die Begleitfunktion leiblicher Organe erfolgen kann, kann nur im voreiligen Schluß dahingehend gedeutet werden, der Leib sei der Hervorbringer des Denkens. Für die voraussetzungs- und schlußfolgerungsfreie Durchdringung des Beobachtbaren enthüllt sich dieser Schluß vielmehr als die Verwechslung von Ursache und Bedingung (wobei es für eine sorgfältige Urteilsbildung ferner noch offen bleiben muß, ob es sich dabei um eine unerläßliche Bedingung handle).

64 Vgl. S. 73f., 77

Die Beeindruckung, die von den Ergebnissen der heutigen Naturwissenschaft in entgegengesetzter Richtung ausgeht, ist freilich groß. Die Lokalisationslehren, die bestimmten Hirnorten die Auslösung bestimmter Funktionen zuweisen, sind sehr alt. Schon in der Zeit des Hellenismus haben sie eine ins einzelne gehende, von der heutigen Physiologie freilich wohl kaum richtig gedeutete Ausbildung erfahren. Charakteristische Ausfallserscheinungen bei der Schädigung bestimmter Hirnorte und die Veranlassung bestimmter Leistungen durch deren Reizung sind genau bekannt. Auf Grund dieser Zusammenhänge hat man Karten der Hirnoberfläche und tieferer Hirnbereiche entwickelt, die das Vorhandensein bestimmter Lokalisationen nachweisen. Auf Grund der Einführung von Elektroden in das Gehirn der Versuchstiere durch W. R. *Hess* kann man einen »Reizpunktatlas« entwerfen.

Immerhin mußte man lange Zeit zugestehen, daß die Lokalisation psychischer Funktionen große Schwierigkeiten bereite. Heute gilt auch diese Schwierigkeit als überwunden. Einen bestimmten Bereich des Zwischenhirns, das sog. limbische System, glaubt man als das Zentrum für affektives Verhalten betrachten zu dürfen. Im gleichen Sinne glaubt man Denkvorgänge mit Nervenvorgängen gleichsetzen zu können, weil, wie sich durch das Elektroenzephalogramm nachweisen läßt, Denkvorgänge von Nervenvorgängen begleitet sind. Die Bildung von Begriffen glaubt man auf die wiederholte Erregung der Synapsen (Berührungsstellen je zweier Nervenzellen) zurückführen zu können, da die Durchlässigkeit der Synapsen durch die Wiederholung der Erregung gesteigert werde. Die gebildeten Begriffe sollen dann in Form von Engrammen im Gehirn »gespeichert« werden.

Diese und viele ähnliche Vorstellungen scheinen dadurch bestätigt zu werden, daß Sinnes- und geistige Funktionen durch verschiedene Hirnverletzungen verschieden stark betroffen werden und durch solche Schädigungen fremde Gefühlsanlagen, Gedächtnis- und andere Störungen hervorgerufen werden können. Daß diese Zusammenhänge eine ganz verschiedene Bedeutung erhalten, je nachdem man sie unter mechanistisch kausalgenetischem oder morphologischem Gesichtspunkt, einerseits als Wirkung physikalisch gedeuteter Systeme oder anderseits als Veränderungen und Ausfälle von Ausdrucksmitteln und Ausdrucksmöglichkeiten betrachtet, wird im Sinne des hier schon Ausgeführten nicht in Erwägung gezogen. Die Wirkung der bewußtseinwandelnden Drogen, der Psycholytika und Tranquilizer, scheint der Auffassung weiterhin Recht zu geben, die den Menschen, auch was sein seelisch-geistiges Wesen anlangt, als chemische Küche betrachtet. Man glaubt gar, es tue der Würde des Menschen keinen Abbruch, wenn man in Abrede stellt, daß zwischen den Leistungen des menschlichen Gehirns, die man mit den seelisch-geistigen Leistungen gleichsetzt, und der Wirkungsweise der sogenannten »Denkmaschinen« ein grundsätzlicher Unterschied bestehe. So kommt man zu einer Experimentalpsychologie, in der die Begriffe des Selbstes und des Willens sorgfältig ausgeschlossen werden.

Da aber durch die Leibesorganisation und unter ihrer Wirkung nur solche Wahrnehmungen vermittelt werden, die durch sich selbst völlig begriffsfrei sind und von dem Wahrnehmenden ohne seinen eigenen tätigen Anteil an ihnen entgegengenommen werden müssen, muß der von der Leibesorganisation ausgehende Einfluß offenbar aufgehoben werden, wenn Tatsachen von der genau entgegengesetzten Beschaffenheit (Begrifflichkeit und selbsttätiges Hervorbringen) zur Erscheinung kommen sollen. Unsere Leibesorganisation wirkt also in der Weise, daß sie uns Begriffloses und ohne unser Zutun Auftretendes vermittelt, – unser Denken dagegen so, daß seinem Bereich Begriffliches und nur durch unsere eigene Tätigkeit Auftretendes angehören. Wir denken demgemäß nicht *mit* unserer Leibesorganisation, sondern *gegen* diese. Ihre Zurückdrängung ist erforderlich, damit uns unser Denken bewußt wird. Es »spiegelt« sich an den von ihm vollbrachten Zurückdrängungen, weit davon entfernt, etwas zu spiegeln, was ohne seine Tätigkeit gar nicht vorhanden sein kann (wie es z. B. die Erkenntnistheorie des dialektischen Materialismus behauptet, wenn ihr gemäß die »Wirklichkeit« im Erkennen gespiegelt werden soll).

Wenn hier die Anschauung vertreten wird, daß die Wahrnehmungen von der Leibesorganisation vermittelt werden, aber von dem Wahrnehmenden ohne eigenen tätigen Anteil an ihnen entgegengenommen werden müssen, so könnte dies als fragwürdig erscheinen. Denn man könnte einwenden, unser eigener Anteil an unseren Wahrnehmungen sei durch die, wenn auch weitgehend unbewußte, Verbindung unseres »Ichs« mit unseren dabei beteiligten Leibesfunktionen bedingt. Man stellt sich in diesem Sinne etwa vor, daß die Dinge und Vorgänge der Außenwelt auf unsere Leiblichkeit einwirken, daß diese die so empfangenen Eindrücke an die Seele weitergibt und auf diese

Weise auch das mit der Seele verbundene denkende »Ich« beeinflußt wird. Würde dies zutreffen, dann ließe sich die Unabhängigkeit des Denkens von unserer Leibesorganisation nicht auf Grund der Merkmale begründen, die im Vorausgehenden aufgeführt wurden; es würde sich auch der Unterschied zwischen Wahrnehmung und Denken verwischen.

Indessen faßt man, wenn man den vorliegenden Einwand erhebt, nicht das ursprüngliche Verhältnis von Wahrnehmung und Denken, wie es im Erkennen vorliegt, sondern etwas ganz anderes ins Auge. Die Frage nach dem Verhältnis des »Ich« zur Leibesorganisation kann erst gestellt werden, wenn die andere Frage beantwortet wurde, welche das Verhältnis von Wahrnehmung und Denken betrifft. Denn über das »Ich« und die Leibesorganisation können Urteile nur auf Grund der Wahrnehmungen und der Begriffe, die beide betreffen, gebildet werden. Die Frage nach dem Verhältnis von Wahrnehmung und Denken liegt also allen anderen Fragen zu Grunde. Aus ihrer Beantwortung geht daher auch hervor, in welchem Verhältnis das Denken zur Leibesorganisation steht. Das Verhältnis von Wahrnehmung und Denken, das jeder Verwirklichung zu Grunde liegt, darf also nicht mit dem Verhältnis verwechselt werden, in welchem verwirklichte Dinge zueinander stehen.

Es gilt daher, vorurteilslos aufzufassen, was sich uns als reine Wahrnehmung darbietet. Richtet man den Blick auf den Gesamtbereich des Wahrnehmlichen, dann zeigt es sich sofort, daß er sich für das Denken in verschiedene Gebiete gliedert. Es gibt z. B. Wahrnehmungen, denen der Begriff »Außenwelt« angemessen ist, auf andere Wahrnehmungen ist der Begriff »eigene Leiblichkeit« anwendbar. Durch diese begrifflichen Bestimmungen gehen wir bereits über das Wahrgenommene hinaus. Wir tun noch einen weiteren Schritt in dieser Richtung, wenn wir beide Bereiche in einen wie immer gearteten Zusammenhang bringen. Dies geschieht z. B., wenn wir den Wahrnehmungen, die begrifflich als Außenwelt bestimmt werden, nun auch noch eine weitere begriffliche Bestimmung beilegen, welche besagt, daß sie unsere Leiblichkeit beeindrucken, »affizieren«. In der Beschaffenheit der Affektionen, die uns im Sinne dieser Anschauung als Wahrnehmungen infolge von Einwirkungen auf unsere Leiblichkeit bewußt werden, müßte sich aber auch der rückwirkende Einfluß unserer Leiblichkeit kundgeben. Weitere begriffliche Bestimmungen fügen wir zu den derart in einen Ursache-Folge-Zusammenhang gebrachten Wahrnehmungen hinzu, wenn der Weg dieser Betrachtung, welcher in der Außenwelt beginnt, bis zum denkenden Ich weiterverfolgt wird. Ob bei den vielfältigen Verbindungen von Wahrnehmungen und Begriffen, die hierbei stattfinden, objekt- oder subjektgeprägte Vorstellungen gebildet werden, müßte im einzelnen untersucht werden. Keinesfalls darf aber, was erst einer solchen Prüfung bedürftig ist, vorausgesetzt werden. Vielmehr entfernen wir uns durch solche ungeprüft vorgreifenden Voraussetzungen von der Beantwortung der Grundfrage nach dem Verhältnis von Wahrnehmung und Denken und der mit ihr zusammenhängenden Frage nach dem Verhältnis von Denken und Leibesorganisation. Denn das Wahrnehmliche zeigt als solches zunächst keines der Merkmale, die ihm durch die genannten begrifflichen Bestimmungen berechtigter- oder unberechtigterweise beigelegt werden. Was also allenfalls das Ergebnis einer Untersuchung sein kann, muß sorgfältig von der Beobachtung der ihr vorliegenden Ausgangslage unterschieden werden.

Daher können Wahrnehmungen nicht von vornherein als »Affektionen« (Wirkungen auf unsere Organisation und deren Rückwirkung auf sie) betrachtet werden. Und ebensowenig kann sich das, was sich aus dieser Vorstellung für das Verhältnis unseres denkenden »Ich« zu unserer Leibesorganisation zu ergeben scheint, zur Beurteilung des Verhältnisses von Wahrnehmung und Denken herangezogen werden. Vielmehr muß festgehalten werden, daß das Wahrnehmliche völlig bestimmungs- und zusammenhanglos vor den Denkblick tritt. Nur unter diesem Gesichtspunkt kann auf Grund der Befunde der Beobachtung das Verhältnis von Denken und Leibesorganisation beurteilt werden. Dabei zeigt sich als der nächstliegende Zusammenhang, daß es unsere Leiblichkeit ist, welche uns das Wahrnehmliche in seiner völlig bestimmungslosen Beschaffenheit vermittelt. Die Rolle, die der Leiblichkeit in diesem Zusammenhange zukommt, kann daher nur in der Herausfilterung aller Zusammenhänge (also aller begrifflichen Elemente) aus demjenigen bestehen, was an den Erkennenden vor seinem Erkennen herantritt. Denn die Lebenserfahrung zeigt, daß wir (im günstigen Falle) durch die Hinzufügung der begrifflichen Elemente zu dem Begriffslos-Wahrnehmlichen etwas in der Wirklichkeit selbst Verankertes erfassen.

Die vorurteilslose Beobachtung und Beurteilung zeigt also zwar, daß beim Auftreten der Wahrnehmungen unsere Leiblichkeit wirksam wird, wie sich dies ja sofort aus der Einschaltung oder Ausschaltung bestimmter Sinnesorgane beim Beobachten ergibt. Dieser Einfluß der Leiblichkeit darf aber nicht als Affektion des Subjekts bestimmt werden. Vielmehr ergibt es sich aus dem (in Gestalt der Wahrnehmungen vorliegenden) Beobachtungsbefund, daß es sich dabei um eine Dekomposition des Objekts handelt. Denn das Objekt unserer Beobachtung muß durch die begrifflichen Leistungen des Denkens erst wieder aufgebaut werden. Daher wirkt (wie im Vorausgehenden dargestellt wurde) die (sich sonst so oft in Zwängen offenbarende) Leiblichkeit durch die Vermittlung der reinen Wahrnehmungen als Erzieherin zur Freiheit. Denn sie verschafft uns den Zugang zu einem Beobachtungsgebiet, an dem sich auf Grund seiner völligen Zusammenhanglosigkeit, durch welche jeder von ihm ausgehende Einfluß ausgeschlossen ist, der völlig freie und zugleich im voraussetzungslosen Freilassen des sich ihm Zeigenden völlig selbstlose Blick entwickeln kann. Wenn es also auch außer Zweifel steht, daß die wirklichen Dinge einen Einfluß auf unseren Leib ausüben, so kann dies doch nicht von den Wahrnehmungen behauptet werden, die keinerlei Zusammenhang aufweisen.

Bei der ja sofort in die Augen fallenden Beteiligung unserer Leiblichkeit an dem Auftreten der Wahrnehmungen hat man bisher meist nur den Begriff der Wirkung auf das Subjekt als Zusammenhangsbildner benutzt. Man hat aber nicht erkannt, daß die dabei gebildeten Vorstellungen von der Seite des Urteilenden und nicht vom Objekt her geprägt sind. Denn sie sind mit den Beobachtungsbefunden nicht vereinbar. Die Wirkung der Leiblichkeit auf das Objekt hat man als die andere Möglichkeit, den vorliegenden Zusammenhang zu begreifen, nicht in Betracht gezogen. Der Grund hierfür liegt in dem Vorurteil, daß uns die ganze Wirklichkeit fertig vorliege, ohne daß wir an ihrem Aufbau durch unsere Denktätigkeit Anteil nehmen müßten. Setzt man dies voraus, so ist es naheliegend, des weiteren anzunehmen, daß sie mit unserer Leiblichkeit durch ihre auf diese einwirkenden Kräfte in Verbindung trete. Hieraus ergibt sich die illusionistische Anschauung, daß wir nur »Modifikationen unserer eigenen Zustände« (E. v. *Hartmann*) erleben, – also keinen direkten Bewußtseins- und Erkenntniskontakt mit der Wirklichkeit haben, sondern uns über diese nur durch Schlußfolgerungen zu unterrichten vermögen.

Nun ist es aber von der größten Bedeutung, daß innerhalb

des Feldes unseres Bewußtseins unsere Leiblichkeit (durch ihr Sinnes-Nerven-System), indem sie die Wirklichkeit dekomponiert, gerade den Einfluß der Wirklichkeit von unserer Erkenntnistätigkeit abhält. Mag unsere Leiblichkeit im übrigen die mannigfaltigsten Einflüsse aus unserer Umwelt auf unser Seelenleben übertragen und dieses auch durch ihre eigenen Prozesse beeinflussen, auf dem Felde des erkennenden Bewußtseins läßt sie uns frei, indem sie den Wiederaufbau der Wirklichkeit unserem Denken überantwortet und dies durch den Abbau der Wirklichkeit ermöglicht. Die Vorgänge beim Wiederaufbau der Wirklichkeit drängen aber offensichtlich die ihnen entgegengesetzten Leibeswirkungen zurück. Leibeswirksamkeit bei der Vermittlung der Wahrnehmungen und Verwirklichung durch die Vereinigung von Wahrnehmung und Begriff sind also einander ausschließende Gegenstände.

Fragt man unter diesem Gesichtspunkt nach dem Verhältnis des erkennenden Ich zum Wahrnehmlichen, so muß man sich zunächst auf die Bedeutung des Wortes »Ich« besinnen. Von einem Selbstbewußtsein und dessen Träger, dem »Ich«, kann insofern die Rede sein, als sich unser Denken nicht nur auf Gegenstände, die von ihm verschieden sind, sondern auch auf sich selbst zu richten vermag. Da das Denken, das sich auf sich selbst richtet, nicht etwas ihm Fremdes, sondern sein eigenes Wesen erfaßt, entwickelt sich hierdurch Selbstbewußtsein. Da dabei ferner der nachfolgende Denkakt dem vorausgehenden begegnet, entwickelt sich Selbstwille. Da sich ferner dieser Selbstwille in dem Pendelschlag zwischen Akt und Blick erlebt, entwickelt sich Selbstgefühl, welches sich in dem Verbindungs- und Unterscheidungsbewußtsein entfaltet, das Akt und Blick vermitteln. Im Selbstbewußtsein, Selbstgefühl und Selbstwillen erlebt sich der Mensch als »Ich«. Dieses »Ich« ist in seiner dreifachen Entfaltung ein leibfreies, da es ein Innenergebnis und -ereignis des leibfreien Denkgeschehens ist. Hierauf wird diese Darstellung weiter unten zurückgreifen[65].

Mit dem Denken erlebt sich das »Ich« auf Grund der Selbstbezogenheit des Denkens in Wesensgemeinschaft und stellt sich so der Beobachtung (dem Denkbild) dar. Der reinen Wahrnehmung dagegen steht das sich im Denken erlebende Ich als ein ihm (seiner völligen Bestimmungslosigkeit wegen) Fremdes ge-

65 Vgl. S. 105f.

genüber. Gerade an dieser Fremdheit hebt sich sein Selbstbewußtsein ab. Daher kann es sich keinerlei Anteil an der reinen Wahrnehmung zuschreiben. Vielmehr muß es diese voraussetzungslos, ohne vorgreifende Begriffsbildung so hinnehmen, wie sie sich ihm zeigt. Das Verhältnis von Wahrnehmung und Begriff kann daher nicht durch eine Voraussetzung erklärt werden, welche das Verhältnis von Wahrnehmung und Leiblichkeit und die Folgen einer solchen vorgestellten Beziehung betrifft. Die vorurteilslose Beobachtung zeigt, daß die Leiblichkeit bei der Vermittlung der Wahrnehmungen und die Denktätigkeit bei der Aktualisierung der Begriffe zueinander im wechselseitigen Verhältnis der Zurückdrängung stehen. Stehen doch die Merkmale, die sich hierbei der Beobachtung darbieten, zueinander im Verhältnis gegenseitiger Ausschließung: bei der reinen Wahrnehmung, deren Auftreten ohne unsere eigene Tätigkeit und ohne Zusammenhang, beim Denken, dessen Auftreten durch unsere eigene Tätigkeit und in einem Zusammenhang in und durch sich selbst.

Auf den Zusammenhang von Denken und Organisation wirft auch die folgende Überlegung Licht: Da wir von der Seite des unmittelbar Wahrnehmlichen her nur über Begriffloses, also völlig Bestimmungsloses verfügen, kann die Bestimmung eines besonderen Bereiches des Wahrnehmlichen oder des Wahrnehmlichen in seiner Gesamtheit als eines »Materiellen« nur eine solche durch das Denken sein. Wenn man ferner unter dem »Materiellen« einen Tatsachenzusammenhang versteht, der anders als das Denken geartet ist (ist er ihm gleichartig, dann ist er eben nicht materiell, sondern gedanklich), dann ist dies wiederum eine gedankliche Bestimmung. Bestimmt man endlich das Denken als das Ergebnis der Wirkungen eines solchen Nichtgedanklichen oder als eine seiner Erscheinungsformen, dann bestimmt man mit Hilfe des Denkens dieses selbst als Nichtdenken. Bestimmt man aber das »Materielle« als irgendwie gedankenhaltig, so daß das Hervorheben des Denkens aus ihm von vornherein einzusehen wäre, dann setzt man voraus, was man als Erklärung ausgibt. In eine solche denkerische Münchhausiade würde man nicht verfallen, wenn nicht ihr Ergebnis, nämlich die materielle Beschaffenheit alles Wirklichen vorausgedacht wäre. In allen diesen Fällen verstößt man gegen das naturwissenschaftliche Prinzip, Begriffe nur insoweit anzuwenden, als sie mit dem voraussetzungslos Beobachteten in unmittelbare Übereinstimmung gebracht werden können. Man kann das Denken nicht dadurch als ein Nichtgedankliches erklären, daß man dieses mittels des Denkens als ein dieses Erklärendes erklärt.

Zusammenfassung

Zusammenfassend darf das Folgende festgestellt werden: Denken und menschliche Leibesorganisation stehen also zueinander in einem Verhältnis wechselseitiger Zurückdrängung. Wenn die leibliche Organisation ihre gegenüber dem Denken zurückdrängende Wirkung geltend macht, treten »reine«, d. h. begrifflose Wahrnehmungen vor den Denkblick. Wenn das Denken selbst in unserem Bewußtsein auftritt, muß unsere Organisation vor seiner zurückdrängenden Wirkung zurückweichen. Auch dem Denken selbst gegenüber kann der Denkblick die innere Willenshaltung einnehmen, die zunächst an solchen Wahrnehmungen entwickelt wird, welche durch die Leibesorganisation auftreten. Dann erscheint das Denken zunächst ebenfalls als Wahrnehmung, die erst nach ihrem Erblicken mit Begriffen durchdrungen und derart in ihrem wahren Wesen ergriffen wird. Hierbei handelt es sich aber nicht um ein Hinzufügen von Zusammenhängen zu dem wahrgenommenen Denken, sondern um ein Erschließen des in ihm liegenden Zusammenhangsgehaltes.

Das Denken erweist sich für ein solches voraussetzungsloses, denkendes Beobachten als ein durch sich selbst bestimmter Bereich. Das Erleben dieses Bereiches, die Betätigung des Denkens, ist ein leibfreies Geschehen. Dieses Denken liegt allen anderen Betätigungen und Verhaltensweisen zu Grunde, die den Titel des Menschlichen tragen dürfen. Und erst durch das Denken erhebt sich für uns, was wir unsere äußere und innere Welt nennen, aus der Gestaltlosigkeit zur Wirklichkeitsgestalt. Hiermit nähern wir uns dem Mittelpunkt des Straderschen Beweises.

IV

Vom Ursprung der menschlichen Fähigkeiten

Die Entstehung der menschlichen Fähigkeiten soll im Nachfolgenden auf den Denkblick zurückgeführt, dieser also als die Grundfähigkeit des modernen Menschen charakterisiert werden. Daher soll zunächst an einiges Vorausgehende angeknüpft werden. Der Denkblick erblickt sich selbst als den einen Pendelausschlag des Denkwillens, der sich zwischen Akt und Blick bewegt, wodurch unser Selbstgefühl entsteht, denn dieses ist einerseits Unterscheidungs-, anderseits Vereinigungsbewußtsein. Die Bewußtheit, welche der Denkblick verleiht, ist leibfrei, entspringt also nicht dem Leibe, wenn sie auch an den vom Leibe vermittelten Wahrnehmungen erlangt wird. Derart wird die Leibfreiheit zur Bewußtseinsgrundlage, – woran sich die Hoffnung knüpfen kann, die leibfreie Bewußtheit durch Selbsterziehung zu weiteren Formen und Leistungen fortentwickeln zu können. Die vom Leibe vermittelten Wahrnehmungen bilden das Übungsmaterial, an dem wir Bewußtsein entwickeln, insofern wir sie erblicken. Dadurch kann als eines der wichtigsten Ergebnisse der Bewußtseinsentwicklung die im Denkblick gesammelte Willensstauung entstehen. Von ihr geht alle wahre Willensentfaltung aus, die den Menschen in Gegensatz zu dem willenlosen Tätigsein auszeichnet, dessen auch die Tiere fähig sind. Denn nur das in sich selbst gestaute und sich aus dieser Stauung in die Tätigkeit wieder entlassende Bewußtsein kann Wille genannt werden.

Der Leibfreiheit dieser blickenden Willensentfaltung werden wir an den folgenden Merkmalen inne: Sie entwickelt sich als ein Innenergebnis im Bereiche des Denkens, sie erfaßt sich selbst als ein leibfreier Bewußtseinsinhalt, da sie nach ihrer Verwandlung in den Denkakt mit dem jeweils aktualisierten Denkinhalt verschmilzt. Dieser nämlich wird nur durch Vorgänge bewußt, die den Merkmalen entgegengesetzt sind, in denen sich die Wirkung der Leiblichkeit bekundet. Der Denkblick richtet sich also auf die Wahrnehmungen, die uns auf Grund der *Ergebnisse* der Leibestätigkeit entgegentreten und wird an ihnen bewußt. Er gehört aber einem Geschehenszusammenhang an, der sich selbst durch die Zurückdrängung der Leiblichkeit entwikkelt. So treffen also das von der Leiblichkeit Vermittelte und die andere Tätigkeit, welche die Leibeswirksamkeit zurückdrängt, aufeinander auf.

Die materialistische Denkgewohnheit unserer Zeit wird entgegen diesem Befund der Beobachtung immer wieder dazu neigen, Abhängigkeiten vom Leiblichen zu suchen oder vorauszusetzen. Demgegenüber muß man sich mit dem Mute zum Ungewohnten vergegenwärtigen, daß sich der Denkblick als die erste Bekundung des leibfreien Anteils unseres sonst fast ganz an den Leib gebundenen Wesens bekundet. Denn zu seinem Begriffe gehört sein fugenloses Sich-Vereinigen mit den Denkinhalten nach seinem Übergang in den Denkakt und sein Sich-Unterscheiden von allem, was er sich in Gestalt der Wahrnehmung gegenüberstellt, sobald er als Blick wirksam wird. So kommt ihm eine grundlegende Bedeutung innerhalb unseres Seelenlebens zu; denn auch unserer Denkakte und ihrer Inhalte werden wir erst durch den Denkblick inne. Er ist jener Teil unseres Wesens, der von der Vereinigung mit einer Leiblichkeit unangetastet blieb. Das Bewußtsein hiervon bildet den erkenntnismoralischen Aufschwung der Philosophie J. G. *Fichtes* und ihre sittliche Würde. Daher war es Fichtes Bestreben, das ganze Weltgebäude von der »Tathandlung« des Ich abzuleiten und von diesem alles abzuhalten, wovon es im Sinne des naiven Wirklichkeitsbewußtseins berührt werden könnte. In seinem absoluten Illusionismus übersah Fichte jedoch, daß es zum Wesen des sich selbst erfassenden Denkwillens gehört, sich als Blick einem von ihm Verschiedenen zuzuwenden und dessen Eigentümlichkeit inne zu werden. In dieser Offenheit für alles sich selbst Zeigende ist der Denkblick auch das Licht der leiblichen Sinne, die nichts Wahrnehmliches vermitteln, wenn sich mit ihrer Funktion nicht die »Aufmerksamkeit« (der Denkblick!) verbindet. Dies läßt sich unschwer an den Abstufungen der Konzentration, der abgelenkten und der vorsätzlich abgewandten Konzentration beobachten. Daran kann man ermessen, daß der leibfreie Blick und die blickende Leibfreiheit überall, wohin sie dringen, Bewußtseinshelligkeit verbreiten und nicht aus anderen Quellen Bewußtheit empfangen. Der Denkblick wirft sein eigenes Licht auf die Wahrnehmungen, die sich dadurch von ihm im Sinne des Zusammenhangs zunächst als ein Dunkelfeld abheben, er taucht als Denkakt in die Helligkeit des Denkens ein und durchdringt das Dunkle mit der Leuchtkraft des Denkens.

Ist so der Denkblick das Unverlierbar-Unantastbare unseres Wesens, so steht er uns doch nicht ohne unsere Bemühung zur Verfügung. Vielmehr muß er immer neu betätigt werden. Zwar können wir, solange wir wachen, diese Betätigung nicht ganz unterlassen. Aber wir können sie vergessen, indem wir sie nicht zu ihrem eigenen Gegenstande machen. Dadurch verleugnen wir den Willensanteil unseres Wesens, der sonst dem Unterbewußten angehört, gerade an der Stelle, wo wir ihn ins Bewußtsein zu heben vermögen. Diese Willensbewußtheit ist das auszeichnende Wesensmerkmal des modernen Menschen. Doch muß er selbst entscheiden, ob er diese Bewußtheit entwickeln oder vernachlässigen will. Zeigt sich doch der Denkblick in seinem wahren Wesen erst dann, wenn er fortwährend an sich selbst erweckt wird. So kann er von dem modernen Menschen als das Zentrum seines Wesens erlebt werden, das ihm Sicherheit verleiht. Denn, sich in der Wachheit dieses Zentrums erfassend, kann er von allem, was ihm begegnet, Abstand nehmen und sich so im Bewußtsein der Unterscheidung die Freiheit von allen äußeren Eindrücken und Einflüssen verschaffen. Gleichzeitig gewährt aber der in den Denkakt umschlagende Denkblick auf dem Wege über die Denkinhalte die Verbindung mit allen Welterscheinungen.

Der Pendelschlag des Denkwillens zwischen Akt und Blick spannt das Selbstgefühl des modernen Menschen zwischen zwei polaren Erlebnissen aus. Durch diese kann er sich angesichts der Welterscheinungen einander Entgegengesetztes zuschreiben: »Dies alles *bin ich nicht*«, denn ich unterscheide mich als blickendes Wesen von ihm und: »Dies alles *bin ich*«, denn ich vereinige mich mit ihm durch das Denken, mit welchem mich wiederum meine Denkakte vereinigen.

Im Blick auf die menschlichen Fähigkeiten ist nun das Folgende zu beachten: Die selbständige Bewußtheit, welche durch die Willensstauung gegenüber den begrifflosen Wahrnehmungen entsteht, kann auch weiterhin aufrechterhalten werden, nachdem der Denkwille als Denkakt in die Denkinhalte eingetaucht ist. Die Helligkeit des Blicks, die ihrer selbst bewußt bleibt, erlischt also nicht nach dessen Untertauchen in die begriffliche Sphäre. Dadurch kann auch der Vorgang, der sich bei der Verbindung von Wahrnehmung und Begriff abspielt, durchschaubar werden. Für den Denkblick unterscheidet sich die Verwandlung der allgemeinen Begriffe zu individualisierten Vorstellungen, wie sie bei der bewußten begrifflichen Durchdringung der Wahrnehmungen entstehen, von dem unterbewußten Aufbau der gestaltlosen Wahrnehmungen zu Gestalten. Ebenso deutlich zeigt sich dem Denkblick die doppelte Veränderung, die im Erkenntnisvorgang stattfindet, indem das Wahrnehmliche verallgemeinert (in einen allgemeinen Zusammenhang gebracht), der Begriff vereinzelt (auf das Wahrnehmliche bezogen) wird. Durch den Denkblick kann also auch die Prägung, welche die ursprünglich allgemeinen Begriffe von der Seite der Wahrnehmungen (der Objekte) her erhalten, in voller Bewußtheit beobachtet werden. Hier liegt der Ursprung der besonderen menschlichen Fähigkeiten, die sich von der Grundfähigkeit des Denkblicks herleiten.

Ehe dies im Folgenden entwickelt wird, muß einem Einwand begegnet werden. Denn es scheint widerspruchsvoll zu sein, wenn die menschlichen Fähigkeiten, die sich doch gewiß im Verlaufe der ganzen Menschheitsentwicklung offenbaren, mit der Ausbildung einer Bewußtseinshaltung in Zusammenhang gebracht werden, die erst in neuerer Zeit, nämlich mit der Ausbildung der modernen Naturwissenschaft in ihrer vollen Bedeutung hervortritt. Der Widerspruch löst sich auf, wenn man bedenkt, daß der Gebrauch einer Eigenschaft oder eines Vermögens keineswegs gleichbedeutend ist mit dem Bewußtsein, das man hierüber besitzt. Den Gleichgewichtssinn besaßen und benutzten die Menschen, lange bevor sie etwas von dem Organ wußten, auf dem dieser beruht. Die menschlichen Fähigkeiten treiben im langen Verlauf ihrer Entwicklung auch das Bewußtsein über ihren eigenen Ausgangspunkt hervor. Sie streben mehr oder minder unbewußt diesem Augenblick entgegen und ziehen so lange ihre Kraft aus einer Wurzel, die sie selbst nicht kennen. Mit der Entdeckung dieser Wurzel ist freilich nicht nur ein entscheidender Bewußtseinsfortschritt getan. Vielmehr treten die Menschen hiermit ihren eigenen Fähigkeiten völlig neu gegenüber und erlangen dadurch die Möglichkeit, sie auf eine neue, in solcher Bewußtheit bisher nicht mögliche Weise auszuüben und zu steigern.

Gestütztes und freies Individualisieren

An den menschlichen Fähigkeiten lassen sich *drei* Hauptunterschiede beobachten, die, wenn sie sich auch gegenseitig durchdringen, doch zueinander im Verhältnis von Entwicklungsstufen stehen. Die grundlegende Fähigkeit des modernen Menschen, durch die dieser sich zugleich als freie, selbständige Individualität erfaßt, ist der Denkblick. Durch diesen stellt er sich als unbeeinflußter, aber auch auf seine Beobachtungen keinen Einfluß ausübender Betrachter seiner Umwelt und sich selbst gegenüber. Hieran schließt sich als eine zweite Stufe der Fähigkeitsentwicklung der Zuwachs durch objektseitige Prägung gewonnener, also wirklichkeitsgemäß individualisierter Begriffe (Vorstellungen), deren Bewahrung im Gedächtnis und ihre Anwendung im Handeln. Sie stellen den Erfahrungsumfang dar, der während eines Lebenslaufes gesammelt wird und dem Handelnden zur Verfügung steht. Die eigentlich menschlichen Fähigkeiten lösen sich aber von den an der Außenwelt gebildeten, reproduzierbaren und modifizierbaren Vorstellungen auf einer dritten Stufe der Fähigkeitsentwicklung ab. Sie stellen den Bereich der praktisch phantasievollen Vernunft dar. Diese hält im Gegensatz zur Routine nur die Fähigkeit des Individualisierens überhaupt fest, die Fähigkeit also, aus dem Gebiet der allgemeinen Begriffe Vorstellungen ohne den Leitfaden der Wahrnehmung hervorzuholen, die dennoch sozusagen wahrnehmungsfähig sind, obwohl sie nicht objektseitig, sondern subjektseitig geprägt sind. Im Gebiete des Erkennens führt die subjektseitige Prägung der Begriffe zu Vorurteil, Irrtum und Illusion und zieht (wie der wissenschaftliche Materialismus unserer Tage) ein illusionsbefangenes, katastrophenschaffendes Handeln nach sich. Die Begriffe, in denen sich die spezifisch menschlichen Fähigkeiten, also die menschlichen Schöpferkräfte offenbaren, müssen dagegen im Gegensatz zu den Erkenntnisbegriffen gerade subjektseitig geprägt sein. Denn sie sollen und können ja nicht wie jene einen bereits vorhandenen Tatbestand wiedergeben, sondern sind berufen, einen neuen zu schaffen. Ob sie dazu geeignet sind, hierüber entscheidet einerseits, ob die Erkenntnisvorstellungen, die ihren Ausgangspunkt bilden, in die praktizierten (d. h. den Ergebnissen eines Handelns zugrunde liegenden) Vorstellungen übergeführt werden können, ohne daß dazu andere Veränderungen auf der Seite der Wahrnehmungen erforderlich wären als eben jene, die in den praktischen Vorstellungen selbst vorweggenommen werden. Anderseits entscheidet über das Maß jener Eignung der Übereinstimmungsgrad, in welchem sich die vorweggenommenen Vorstellungen für ein nachträglich auf das Ergebnis des Handelns gerichtetes Erkennen wiederum bilden, wenn die unter ihrem Einfluß umgeprägten Wahrnehmungen die ihnen entsprechenden Erkenntnisbegriffe ihrerseits objektseitig prägen. Dies wird natürlich nie in voller Deckung der Fall sein.

Was im vorliegenden Zusammenhang besonders interessiert, ist die Fähigkeit des freien, nicht wahrnehmunggebundenen Individualisierens der allgemeinen Begriffe. Sie ist die menschlichste der Fähigkeiten, die kulturschöpferische Phantasie, von der alle Bereicherung der menschlichen Lebenswerte und Lebensverhältnisse abhängt. Denn in der Fähigkeit des freien, von der Seite der Wahrnehmung her ungestützten Individualisierens kommt unser schöpferisches Vermögen zum Ausdruck. Sie ist der Beweis dafür, daß wir nach eigenem Entwurf zu gestalten vermögen, was uns wertvoll erscheint. Dies bedeutet zwar nicht, daß es keine äußeren Bedingungen unseres Handelns gibt, wohl aber, daß dieses in seinem Ursprung keiner äußeren Verursachung unterworfen ist. Jene Fähigkeit ist daher ferner der Beweis, daß wir das unserem Wesen Angemessene als ein echtes Neues zu gestalten vermögen. Sie ist dadurch auch das Zeugnis dafür, daß wir über unsere Menschlichkeit und deren Ausdrucksformen selbst entscheiden können.

In dieser Fähigkeit erhebt unsere Menschlichkeit erst das Haupt. Und mit dem Bewußtmachen ihrer unterbewußten Anlage und deren bewußter Höherentwicklung beginnen wir den mit unserem Wesen unlöslich verbundenen Beruf, den Beruf der Menschlichkeit erst eigentlich auszuüben.

In Anknüpfung an das im vorausgehenden Abschnitt Entwickelte ist aber hervorzuheben, daß das freie Individualisieren einer Vorschule bedarf. Diese Vorschule ist in dem Individualisieren zu erblicken, welches noch durch das Wahrnehmliche gestützt ist. Dieses Individualisieren geschieht in jedem Augenblicke unseres wachen Lebens, also bereits durch den unterbewußten Gegenstand- und Gehaltaufbau. Der Vorgang der Individualisierung und dessen Ergebnis werden aber, solange sie unterbewußt bleiben, nicht seelisch beobachtet. Die Individualisierung wird erst dann bewußt, wenn sich der Denkblick auf sie richtet. Dazu ist es aber wiederum notwendig, daß dieser sich selbst erblickt. Geschieht dies, dann kann er als bewußtseinsheller Denkwille alle Denkvorgänge begleiten und durchdringen. Der Denkwille als Denkblick beobachtet dann die Bildbewegungen, die er mit dem Denken mitvollzieht, welches sich im Durchdringen des Wahrnehmlichen individualisiert. Der Denkblick vermag dies, weil er ein atmender Proteus ist, der sich als Akt mit jedem Begriffe und dessen Individualisierungen zu vereinigen und von ihnen als Blick wiederum zu lösen vermag. Derart erlernt er die Betätigungsweise, die im Individualisieren überhaupt ausgeübt wird. Das Ziel dieses Lernens ist das freie, keiner Stütze bedürftige Individualisieren. So lernt ein Kunstschüler bei seinem Meister die Ausübungsformen seiner Kunst, indem er im eigenen Bemühen den Vorbildern des meisterlichen Könnens nacheifert. Doch hat dieses Nachgestalten nur den Sinn, seine eigene Gestaltungsfähigkeit immer mehr von den Hemmungen, die ihr noch anhaften, zu befreien, bis sie sich schließlich in jener Ursprünglichkeit zu offenbaren vermag, die keinem anderen eignet. In ganz ähnlicher Weise wird die Wirklichkeit der Lehrmeister des sie Erkennenden und das Erkennen der Lehrmeister des Handelns. Daher bildet der Individualisierungsvorgang, der im Erkennen stattfindet, den Ursprung der menschlichen Fähigkeiten und kann der Denkblick die ihnen zugrunde liegende Urfähigkeit genannt werden[66].

Diese Hinweise machen ersichtlich, wie aus Lebenserfahrungen Fähigkeiten werden. Der Reichtum unserer Lebenserfahrung sind unsere individualisierten Begriffe, die wir im denkenden Umgang mit den Welterscheinungen entwickelt haben. Dieser Reichtum birgt aber in sich einen Kern, der seine Umhüllung an Wert übertrifft. Zum Vorschein kommt dieser Gehalt erst dann, wenn die Erfahrungshülle zerfällt, die ihn umschließt. Er kommt als die Fähigkeit des freien Individualisierens zur Offenbarung, wenn der Übungsstoff des gestützten und gelenkten Individualisierens vergessen ist. Wie die Blüte den Keim, so bergen die Lebenserfahrungen die freien menschlichen Fähigkeiten in sich. Die Fähigkeit des individualisierten Schreibens beruht gerade auf dem Vergessen der Erfahrungen, die sich im Nachahmen der Schreibvorlagen gebildet haben. Wie die Blüte welken muß, wenn sich der Same entwickeln soll, so muß die Stütze der Erfahrung abfallen, damit sich das schöpferische Vermögen frei entfalten kann, dessen Lehrmeister sie war. Der Denkwille steht des weiteren in einem ähnlichen Verhältnis zum freien Individualisieren wie dieses zum gestützten. Mehrt doch der Denkwille, dessen Blicken und Handeln das freie Individualisieren entspringt, seine Kraft und Beweglichkeit, indem er diese Tätigkeit ausübt. Er bildet sich als die Urfä-

66 Vgl. S. 93.

higkeit der Selbstindividualisierung im Gestalten seiner eigenen Gebilde, der besonderen menschlichen Fähigkeiten.

Hieran muß sich eine Frage knüpfen, welche die Verschiedenheit der menschlichen Fähigkeiten betrifft, die im Laufe der Bewußtseinsentwicklung auftreten. Wenn nämlich die moderne und so erst freie Fähigkeitsentwicklung von der Entwicklung des Denkblicks abhängt, dessen bewußte Betätigung erst eine neuere Errungenschaft ist, dann müssen die Menschen früherer Epochen ihre Fähigkeiten in anderer Weise entwickelt und ausgeübt haben. Dies stellt sich der an den kulturellen Erscheinungen orientierten Beobachtung für die Zeit vor dem 15. Jahrhundert als ein unterbewußtes Fortwirken der Impulse dar, die im ebenfalls unterbewußten Wirklichkeitsaufbau empfangen wurden. Von der Zeit an, in welcher die Menschen die Natur nicht mehr als ihrem seelischen Leben wesensverwandt empfanden und dachten, sondern sich ihr mit immer größer werdendem Abstand als einer schließlich maschinenhaften Fremdwelt entzogen, wird dies anders. Die Epoche, welche diesen großen Einschnitt in der Bewußtseinsentwicklung bedeutet, ist das 15. Jahrhundert. Damals beginnt die Naturwissenschaft ihren Triumphzug mit ihren Seele und Welt verödenden Folgen. Sie ist aber nicht nur diese Veröderin, sondern zugleich auch die große Erzieherin des modernen Fähigkeitswesens der Menschheit. Hierin, nicht in ihren äußeren Erfolgen, liegt ihre welthistorische Aufgabe und Leistung.

Einzigartigkeit, Formenreichtum und Entwicklungsfortschritt bei den Naturwesen und beim Menschen

Im Vorausgehenden konnte von einer dreifachen Ausprägung der menschlichen Fähigkeiten als Denkblick, gestütztes und freies Individualisieren gesprochen werden. Diese Dreiheit entspricht der Differenzierung, welche die darwinistische Evolutionslehre in mechanistischer Verzerrung als ihr Forschungsergebnis darstellt. Zu ihren Resultaten gehört es, (wie hier ausgeführt wurde) die Organismen in ihrer Einzigartigkeit, ihrem Formenreichtum und ihrem Entwicklungsfortschritt zu begreifen. Auf der Stufe der menschlichen Fähigkeiten begegnen wir, wie sich gezeigt hat, einer entsprechend dreifachen Ausgestaltung in der individuellen Einzigartigkeit des Denkblicks, der zugleich allgemein menschlich ist, in dem Formenreichtum der sich individualisierenden Begriffe, der zugleich auf eine einheitliche geistige Welt zurückgeht, und in dem grundlegenden Fortschritt der menschlichen Entwicklung zu der eigentlichen menschlichen Befähigung des freien Individualisierens. Dieser Fortschritt stellt sich als der Gewinn jener Fähigkeit dar, die sich an der Welt des Wahrnehmbaren schult, doch von ihrem Leitfaden loslöst, und so immer mehr als das jedem Menschen unwiederholbar Eigene entfaltet, das doch wiederum in die Übereinstimmung freier Individualitäten einmündet. Während aber bei den Naturwesen diese drei Dimensionen ihrer organischen Existenz auftreten, ohne daß sich dabei das einzelne Individuum über ihr Vorhandensein, ihre Entstehung und Bedeutung Rechenschaft zu geben und auf sie durch individuell differenziertes Verhalten einzuwirken vermöchte, können alle hierbei in Betracht kommenden Vorgänge beim Menschen in das volle Licht des Bewußtseins gehoben und seiner freien Selbstgestaltung zugänglich gemacht werden. Freilich geht diese Entwicklung auch beim Menschen durch vorbewußte Stadien hindurch. Ihre wahrhaft menschliche Entwicklungshöhe und den vollen Ausdruck ihres Wesens erreichen die menschlichen Fähigkeiten aber erst dann, wenn sie sich in ungedämpfter Bewußtseinshelligkeit entfalten.

Individuelle und durch Individualität erworbene Verschiedenheit: Realisierung, Selbstrealisierung, Zukunftsrealisierung

Nun kann der entscheidende Schritt im Verfolgen des Straderschen Gedankenganges getan werden. Wie sich gezeigt hat, entwickeln sich die individuellen menschlichen Fähigkeiten nicht aus leiblichen Prozessen, sondern zwar in der Verbindung mit einem Leibe, aber durch dessen Zurückdrängung. Eine hierher gehörige Formulierung, die unsere Aufmerksamkeit auf das in diesem Zusammenhang Entscheidende lenkt, findet sich in Rudolf *Steiners* »Theosophie«: »Für den wirklich genauen Erforscher auf diesem Gebiete zeigt sich, daß, was aus den stofflichen Anlagen kommt, sich unterscheiden läßt von dem, was zwar durch Wechselwirkung des Menschen mit den Erlebnissen entsteht, aber nur dadurch sich gestalten kann, daß die Seele selbst diese Wechselwirkung eingeht. Die Seele steht da deutlich mit etwas innerhalb der Außenwelt in Beziehung, das, *seinem Wesen nach*, keinen Bezug zu stofflichen Keimanlagen haben kann«[67].

Die vorausgehenden Ausführungen haben sich mit der Unterscheidung der beiden Gebiete beschäftigt, auf welche diese Bemerkung hinweist. Sie stellt das, »was aus den stofflichen Anlagen kommt«, einem anderen gegenüber, das der Außenwelt angehört und mit dem die Seele eine »Wechselwirkung eingeht«, das aber, »*seinem Wesen nach*, keinen Bezug zu stofflichen Keimanlagen haben kann«. Was aus den stofflichen Keimanlagen kommt, also unsere Leiblichkeit bildet, vermittelt dem bewußten Teile unseres Wesens die reinen Wahrnehmungen. Diese treten ohne unser Zutun und ohne Zusammenhang auf. Auf sie richtet sich unser Denkblick als ein sich von ihnen unterscheidendes Bewußtsein. In seiner Verwandlung zum Denkakt vereint er sich mit den Denkinhalten, ohne die unterscheidende Bewußtheit zu verlieren. Da die Denkinhalte von uns hervorgebracht (aktualisiert) werden und durch sich selbst ihren Zusammenhang bilden (sich universalisieren), stehen sie im Gegensatz zur Leibestätigkeit, die ohne unser Zutun Auftretendes (Gegen-Ständliches) und Zusammenhangloses (Individualisierendes) vermittelt. Die Leibeswirksamkeit unterdrückt also jene Elemente der vollen Wirklichkeit, welche die Träger der Zusammenhänge sind. Daher muß die Leibeswirksamkeit vor dem Auftreten des Denkens zurückweichen. Dieses offenbart sich derart in seiner Leibfreiheit. Bei der Vereinigung der Begriffe mit den Wahrnehmungen werden wir, wenn jene durch diese geprägt werden, dessen bewußt, was durch die Leibeswirksamkeit beim Vermitteln der Wahrnehmungen ausgeschaltet wird. Wir bauen dadurch die vorerkannte und durch den Leib dekomponierte Wirklichkeit im Erkennen wieder auf, indem wir zu den Wahrnehmungen, die ihre eine Hälfte bilden, mittels des Denkens ihre andere Hälfte hinzufügen. Durch unseren blickenden und tätigen Denkwillen vereinigen wir uns daher mit etwas innerhalb der Außenwelt, das deshalb »seinem Wesen nach« zu stofflichen Keimanlagen keinen Bezug haben kann, weil es von dem, was diesen Keimanlagen entspringt, unserem Bewußtsein entzogen wird und von uns daher in Gegenwirkung zu diesem Entzug aktualisiert werden muß. Die Realisierung ist der Bürge unserer Leibfreiheit.

Durch den Bezug zu dem geistigen Gehalt der Wirklichkeit,

67 Rudolf *Steiner*, Theosophie, Dornach 1948, 74.

dessen wir im Denken und kraft dessen Gegenwirkung gegen die Leibeswirkung bewußt werden, entwickeln sich unsere individuellen Fähigkeiten in der bereits aufgezeigten Art. Sie entstehen also nicht aus stofflichen Keimanlagen, sondern in Gegensatz und in Gegenwirkung zu diesen.

Hiergegen könnte eingewendet werden, diese Darstellung stehe in Widerspruch zu der doch ganz offenkundigen Tatsache der Vererbung. Scheine sie doch zu behaupten, daß die menschlichen Errungenschaften allein durch die ganz individuellen Erfahrungen und Leistungen des einzelnen Menschen entstünden.

Daß dies indessen ein Mißverständnis ist, geht aus dem Folgenden hervor. Was zu stofflichen Keimanlagen in Beziehung steht, wird unserem Bewußtsein durch den Leib in Gestalt der nicht begrifflichen Wahrnehmungen vermittelt. Diese betreffen nicht nur die Außenwelt und unseren Leib, der uns durch seine Sinne über sich selbst Wahrnehmungen verschafft. Dem hier in Betracht kommenden Wahrnehmungsbereich gehören auch die Wahrnehmungen unseres Seelenlebens an, die wir ebenso wie alle anderen Wahrnehmungen, nachdem wir sie erblickt haben, erst durch die ihnen entsprechenden Begriffe (unterbewußt und bewußt) in ihrer Wirklichkeit aufbauen, verwirklichen müssen. Die Verwirklichung ist also eine ganz allgemeine Leistung unseres denkenden Bewußtseins. Sie ist die Leistung, durch die wir erst Menschen werden, uns selbst zum Range der Menschlichkeit erheben. Die Verwirklichung ist also für uns selbst Vermenschlichung. Insofern wir nun durch diese Verwirklichung-Vermenschlichung mit dem geistigen Teile unseres Wesens zu dem geistigen Teile des Verwirklichten (in der Außenwelt, an unserem Leibe, an unserem Seelenleben) in Beziehung treten, begegnen wir Elementen, die *ihrem Wesen nach* keinen Bezug zu stofflichen Keimanlagen haben können. Durch diesen Bezug entwickeln wir daher in uns selbst, was keinen Bezug zu stofflichen Keimanlagen haben kann, nämlich unsere individuellen Fähigkeiten. Insofern aber dieser geistige Teil des jeweils Verwirklichten mit einem Wahrnehmlichen verbunden ist, treten wir mit solchen Elementen in Beziehung, die einen anderen Ursprung als das Denken zeigen. Sie werden jedoch in dieses als Differenzierungen, Trennungen und Individualisierungen aufgenommen. Derart strömt bei der Bildung unserer individuellen Fähigkeiten, die eine rein geistige ist, über den wahrnehmlichen Anteil unserer Leiblichkeit und unseres Seelenlebens uns auch solches entgegen, das Beziehung zu stofflichen Keimanlagen hat. In dieser Weise verbinden sich vererbte und individuelle Fähigkeiten miteinander. Einen Persönlichkeitswert besitzt aber das Vererbte für den Menschen nur insofern, als er an ihm, wie an allem von ihm Verwirklichten, entwickelt, was keinen Bezug zu stofflichen Keimanlagen haben kann, nämlich sein individuelles Wesen. Während wir aber durch die Verwirklichung des Wahrnehmlichen der Außenwelt unmittelbar nur den geistigen Teil unseres eigenen Wesens aufbauen und uns dadurch vermenschlichen, gestalten wir durch die bewußte Verwirklichung jener Wahrnehmungen, die (im Leiblichen und Seelischen) dem Gesamtumfange unseres Wesens angehören, auch diesen Teil unseres Wesens um. Nicht das Individuelle wird durch das Vererbte gestaltet, sondern umgekehrt das Vererbte durch das Individuelle. Der mechanistische Biologe und der Verkenner und Verächter der hohen Aufgabe des Denkens sind gleichermaßen Anwälte der Unmenschlichkeit.

Der Mensch baut also nicht nur seine individuellen, eigentlich menschlichen Fähigkeiten selbst auf, sondern durch diese für sein Bewußsein die ihn umgebende Wirklichkeit sowie die Wirklichkeit seines Leibes und seiner Seele. Und umgekehrt entwickelt der Mensch durch diesen Wirklichkeitsaufbau seine individuellen Fähigkeiten, unabhängig vom Wahrnehmlichen, also auch vom Vererblichen, vielmehr dieses durchdringend und umgestaltend. Nicht durch Passivität, sondern durch Aktivität, nicht durch Empfangen, sondern durch Schaffen gehört der Mensch der Wirklichkeit an. Die Teilhabe an der Wirklichkeit möchte der Materialist als den Lohn seiner Lebensleistung empfangen. Der Mensch ist aber kein Lohnempfänger, seine Menschlichkeit kann nicht mit der Münze der Wirklichkeit bezahlt werden. Vielmehr ist der Mensch ein schenkendes Wesen: er beschenkt die Welt mit Menschlichkeit, indem er sie in seinem Menschentum verwirklicht. Durch die bewußte Gestaltung und Betätigung seiner individuellen Fähigkeiten, durch sein freies Individualisieren, macht sich der Mensch von seinem Leibe unabhängig. Sein Leib und dessen Gehalt an Vererbungsstoff, dessen Wirkung sich bis ins Seelische erstreckt, bildet nur den Widerstand, an dessen Zurückdrängung und Umgestaltung seine Denkakte zusammen mit den von ihnen aktualisierten Denkinhalten ihrer selbst bewußt werden. So baut er die Wirklichkeit auf, indem er ihr seine Menschlichkeit mitteilt, und baut den geistigen Teil seines Wesens, seine Menschlichkeit auf, indem er die Begriffe aktualisiert, welche ihn der Wirklichkeit teilhaftig werden lassen.

Wer dagegen »so urteilt« (wie z. B. Menageriebesitzer, die, wenn sie auf die individuelle Verschiedenheit von Tieren der gleichen Gattung hinweisen, die Einzigartigkeit der menschlichen Individualität in ihrem Unterschied von den Varietäten tierischer Exemplare verkennen), »der zeigt ... nur, daß er individuelle Verschiedenheit nicht zu unterscheiden vermag von Verschiedenheit, die *nur* durch Individualität erworben sich zeigt«[68].

Auch dieser Satz lenkt unsere Aufmerksamkeit auf entscheidend Bedeutsames. Wiederum bilden die vorausgehenden Ausführungen seine Erläuterung. Individuelle Verschiedenheiten liegen überall dort vor, wo sich Begriffe an Wahrnehmungen individualisieren. Diese Verschiedenheiten sind ein Element der Wirklichkeit, das mit der differenzierten und differenzierenden Beschaffenheit zusammenhängt, deren wir an den Wahrnehmungen inne werden, wenn wir sie verwirklichen. Diese Art der Verschiedenheit besitzen alle Naturwesen, sie ist ihnen eingeboren, sie machen sich aber diese Verschiedenheit nicht selbst zu eigen. Vielmehr entstehen die so beschaffenen Verschiedenheiten aus den Zusammenhängen der Wahrnehmungen untereinander (bei den Tieren z. B. aus den Verschiedenheiten ihrer leiblichen Verfassung, ihrer Umgebung, dem Ablauf der Einflüsse und Eindrücke, denen sie ausgesetzt sind, ihrem Zusammenleben mit anderen Tieren und mit Menschen, ihrer Dressur usw.). Verschiedenheiten, die nur durch Individualität erworben werden, sind dagegen solche, die sich ein individuelles Wesen selbst verleiht. Ihr Ursprung ist daher das Individuelle selbst. Damit sie dort entspringen können, ist es aber notwendig, daß sich ein Wesen selbst als Individualität erfassen, zu sich »ich« sagen kann. Dies vermag der Mensch, weil er in der Selbsterfassung des Denkens, das er aktualisiert, Selbstbewußtsein, Selbstgefühl und Selbstwillen entwickelt. Denn indem der Mensch die Welt nachgestaltend verwirklicht, verwirklicht er neugestaltend sich selbst. Dieser neuschöpferischen Selbstgestaltung wird er inne, wenn er das im Verwirklichen entwickelte Denken erfaßt. Dann wird er im Selbstbewußtsein, Selbstgefühl und Selbstwillen seiner Selbstgestaltung

68 A. a. O., 76.

als des leibfreien Innenergebnisses des sich selbst erfassenden Denkens bewußt. Dieses (mehr oder minder deutliche) Bewußtsein bildet den Ursprung dessen, was sich durch die menschliche Biographie (auch die unbedeutendste) als der rote Faden der Einmaligkeit hindurchzieht. Es ist der nirgends im Menschlichen völlig fehlende Einschlag an freiem Individualisieren, das durch das Erblicken des Fremd-Wahrnehmlichen, das Individualisieren der aktualisierten Denkinhalte an diesem und das dadurch erlernte freie Konturieren allgemeiner Begriffe entsteht, wobei der Vorentwurf einer erst noch auszugestaltenden Situation gebildet wird. In solchen Vorentwürfen gibt sich der Mensch aber selbst Gestalt, nur durch Individualität erworbene und zu erwerbende Verschiedenheit. Diese Verschiedenheit steht als ein »von innen« (aus dem Quell des Ideellen und dem Vorentwurf) Geschöpftes im entschiedensten Gegensatz zu den »von außen« (durch die Zusammenhänge des Wahrnehmlichen) und die durch die vorausgehende biologische Entwicklung bestimmten Abwandlungen des Gattungshaften der Tiere. Da die Realisierung ein existenzielles Wesensmerkmal des Menschen ist, kann er sich als das Wesen verstehen und gestalten, welches sich im Verwirklichen der Welt selbstverwirklicht und durch diese Selbstverwirklichung (also durch Individualität) an dem zunächst gestützten Individualisieren das freie Individualisieren erlernt. Dieses freie Individualisieren ist das Ausgestalten jener menschlichen Fähigkeiten, die sich als etwas bekunden, das nur durch Individualität (nämlich durch Selbstverwirklichung in der Weltverwirklichung) erworben werden kann.

Daher sind die menschlichen Fähigkeiten nicht wie jene der Tiere durch den Rahmen der Gattung festgelegt. Im Tierreich ist das einzelne Exemplar der physiologische Schauplatz des Gattungsmäßigen, das nur durch die Einflüsse der Umwelt differenziert wird. Die menschlichen Fähigkeiten dagegen betreten den Schauplatz des Selbstbewußtseins als unbeschränkt veränderliche, wenn auch von einem Ausgangsbestand her anhebende Ergebnisse der eigenen individuellen Tätigkeit des Menschen. Sie offenbaren sich als seine wahrhaft eigenen freilich erst dann, wenn sie aus seinem eigenen Entschluß unter bewußter Kontrolle entwickelt und fortentwickelt werden. Als solche Ergebnisse der Selbsterziehung sind sie von dem erkennenden Umgang des Menschen mit der Welt und sich selbst getragen und daher von einem leibfreien Erleben. Dadurch erst sind sie überhaupt seine eigenen, sind sie freie Fähigkeiten. Durch sie lebt der Mensch aus seiner Zukunft gegenwartwärts. Denn er verwirklicht durch sie nicht nur eine neue Welt, sondern auch an sich selbst, was er noch nicht ist, sondern was er sein kann. Er gibt sich fortwährend aus seiner eigenen Zukunft Gestalt, während das Tier keine Zukunft kennt. Die Vorsorge der Tiere ist die Vergangenheit ihrer Gattung. Der Mensch aber streift durch den Entwurf und die Vergegenwärtigung seiner Zukunft alles Gattungshafte ab. Während das Tier durch Gattung und Umwelt bestimmt ist, gibt der Mensch den allgemeinen (in ihrer Urbildlichkeit vergleichsweise gattungshaften) Begriffen aus eigener schöpferischer Phantasie individuelle Gestalt und gestaltet dadurch das Vererblich-Gattungshafte an seinem eigenen Wesen sowie seine Umwelt um. Der Mensch ist das Wesen, das aus dem Zentrum seiner Selbstgestaltung nach allen Richtungen den Ausdruck seines Wesens ausstrahlen läßt. Er ist das universell ausdruckschaffende Wesen. Nur durch die Entwicklung freier Fähigkeiten kann der moderne Mensch dem Anspruch gerecht werden, der in ihm durch seine blickende Bewußtseinsverfassung veranlagt ist. Seine freien Fähigkeiten entstehen dadurch, daß er das Vergangene realisiert, sich dadurch die Gegenwart seiner Selbstgestaltung erwirbt und diese in der Schule des Individualisierens zu der Fähigkeit des freien Individualisierens fortentwickelt, durch welches er das Zukünftige (vom Vergangenen nicht Vorweggenommene) entstehen läßt.

Fähigkeitsbildung und Schicksal

An den entscheidenden Schritt im Verfolgen des Straderschen Gedankengangs muß sich ein weiterer anschließen. Durch diesen erhellt sich das im vorausgehenden Abschnitt Dargestellte erst in seiner vollen Bedeutung.

Im Vorausgehenden wurde ausgeführt, daß Verwirklichung und Vermenschlichung, Realisierung und Humanisierung in einem Zusammenhange gegenseitiger Bedingung und Erfüllung stehen.

Die Verwirklichung beginnt in dem unterbewußten Durchdringen des Wahrnehmlichen mit Begriffen. Als solche führt sie zum Gestaltaufbau der uns in Gegenständen, Wesen, Vorgängen, Motiven, Stimmungen, Gefühlen, Trieben entgegentretenden Außen- und Innenwelt. Diese unterbewußte Durchdringung wird im bewußten Wiederaufbau der durch unsere Leiblichkeit zu Wahrnehmungen abgebauten Wirklichkeit vergegenwärtigt und fortgesetzt. Die Rekomposition der Dekomposition des vorerkannten Wirklichen ist die Leistung des Erkennens. Der Erkenntnisvorgang setzt dabei in den Lücken des unterbewußten Gestaltaufbaus an oder geht mit dem Denkblick auch auf dessen Infrastruktur, die ihm zugrunde liegende unverwirklichte Schicht oder eine der über dieser liegenden Schichten zurück, welche übereinandergelagerte Besiedelungen der Welt in immer neuen graduell abgestuften Verwirklichungsansätzen darstellen.

Die Vermenschlichung hebt im Denkwillen an, der als Tätigkeit und Vereinigungsvermögen der Leibeswirkung entgegengesetzt ist, die untätig zu Empfangendes und Entstaltetes (Dekomponiertes) in Form der Wahrnehmung vermittelt. Der Denkwille ist Unterscheidungs- und Vereinigungsbewußtsein. Mit ihm beginnt die Zurückdrängung unserer Organisation. Die im Denkwillen anhebende Vermenschlichung entwickelt sich weiter als Zurückstauung des Denkwillens zum Denkblick, als Auflösung der Stauung im Denkakt, als Vereinigung des Denkaktes mit den Denkinhalten, als Selbstbewußtsein, Selbstgefühl und Selbstwille, welche sich als Innerergebnisse des sich selbst erfassenden Denkens und zugleich als Dimensionen des Zurückdrängungsbewußtseins gegenüber dem Leibe darstellen, als gestütztes Individualisieren durch Vereinigung von Wahrnehmung und Begriff, wodurch objektseitig geprägte Vorstellungen entstehen, und endlich als freies Individualisieren, das durch gestütztes Individualisieren erlernt und nach dem Vergessen seiner Prägung als individuelle Fähigkeit entfaltet wird. Die individuellen Fähigkeiten stehen als etwas seinem Wesen nach nicht aus stofflichen Keimanlagen Stammendes mit etwas seinem Wesen nach nicht dem Bereiche der außerbegrifflichen Wahrnehmungen Angehörendem innerhalb der Welterscheinungen in Beziehung.

Der Mensch verwirklicht also die ihn umgebende Welt in seinem Bewußtsein und entsteht so selbst als ein Kulturträger aus der Natur, indem er im Verwirklichen sich vermenschlicht. Er wirkt umgekehrt durch das freie Individualisieren, das er im Verwirklichen erlernt, auf die Natur zurück und verwandelt dadurch die Natur mit fortschreitender Wirkung in Kultur. Er macht die menschenbildende Wirklichkeit immer mehr zum

Ausdruck seiner wirklichkeitbildenden Menschlichkeit. An die Stelle der Beeinflussung seines Verhaltens durch die Umwelt tritt mit sich mehrender Prägekraft der Ausdruck seiner Menschlichkeit in seiner Umgebung. So wenig diesem Ideal die Verhältnisse unserer heutigen Welt entsprechen, die sich zunächst einem unmenschlichen und menschenfeindlichen Verderb unserer Naturgrundlage und unseres sozialen Lebens annähern, so wenig läßt sich leugnen, daß dieses Ideal in der Bewußtseinsverfassung gerade des modernen, naturwissenschaftlich erzogenen Menschen veranlagt und ihm dadurch die Möglichkeit seiner Realisierung vorgezeichnet ist.

Nun ist es von der größten Bedeutung, zu erkennen, daß das vom Menschen Verwirklichte zugleich sein Schicksal ist. Wie alles andere, das ihm als Wahrnehmung entgegentritt, verwirklicht der Mensch (unterbewußt und bewußt) auch alles, was ihn persönlich betrifft, was er also als sein Schicksal empfindet. Denn was er an seinen Lebenserfahrungen wahrnimmt, wird erst dadurch wirklich, daß er es mit Begriffen durchdringt. Würde es sich dabei nur um Erscheinungen einer stummen und tauben Kausalverkettung handeln, die den Menschen mit dem Hammer der blinden Notwendigkeit zertrümmert oder ihn auf der sinnlosen Woge des Zufalls emporträgt, dann wäre das Wort »Schicksal« nicht angebracht. Denn dieses spricht von einem Geschickten, also von einem dem Menschen Zubestimmten und mit seinen »Geschicklichkeiten« (seinen individuellen Fähigkeiten) Übereinstimmenden. Das Wort Schicksal gibt dem Empfinden Ausdruck, daß ein Welt und Mensch mit dem Charakter der Wesensgemeinschaft Durchwaltendes an den Erlebenden herantritt.

Die seelische Beobachtung unseres Bewußtseinszustandes und Erkenntnisverhaltens bestätigt diese Empfindung. Denn im Gestaltaufbau und der Wirklichkeitsgestaltung begegnen sich der menschliche Denkgeist und der in den Dingen liegende Weltgeist und vereinigen sich miteinander. Anstatt von einem Bedingungszusammenhang der Verwirklichung und Vermenschlichung könnte man also auch im gleichen Sinne von einem solchen des Schicksals und der menschlichen Individualität sprechen. Denn das Wesen dessen, was dem Menschen als ihn persönlich betreffendes Wahrnehmliches geschickt wird, erfaßt der erkennende Mensch als ein seinem Denken Wesensgleiches. Und mit diesem Wesensgleichen ist er nicht wie mit dem Wahrnehmlichen durch passives Empfangen, sondern durch aktives Mitgestalten verbunden. In seinem Denkwillen will er als erkennender Mitgestalter sein Schicksal. Sein Denkwille ist also nicht nur fähigkeitgestaltender Selbstwille, sondern auch erkennend mitgestaltender Schicksalswille.

Vor seiner wahren Selbsterkenntnis steht daher der Mensch als ein Wesen, das nicht nur mit seiner Leibesorganisation, sondern auch mit seinem Schicksal verbunden ist. Diese doppelte Verbindung ist eines der bedeutsamsten Merkmale der Menschlichkeit. Der menschlichen Leibesorganisation entstammt zwar nicht der Wesensgehalt der menschlichen Individualität, wohl aber bildet sie die Grundlage ihrer Entwicklung. Denn diese Organisation löst ihren Träger durch ihre dekomponierende Wirkung von dem allgemeinen Weltzusammenhang los und gibt ihm dadurch die Möglichkeit des Erblickens als eines von keinerlei Zusammenhang berührten Unterscheidungsbewußtseins. Dieses blickende Unterscheidungsbewußtsein wird aber nach der Öffnung der Willensschleuse zum Verbindungsbewußtsein. Und erst die Schicksalverbindung, welche der Inhalt dieses Bewußtseins ist, bereichert und beansprucht den Menschen durch jene Erfahrungsfülle, aus deren Lehre er als ein Meister seiner selbst hervorgeht, als der sich im freien Individualisieren selbst Bemeisternde, als der im Schicksal geschickt Gewordene. Mit seiner Leibesorganisation ist der Mensch individuell, mit seinem Schicksal universell verbunden. Denn an den Wahrnehmungen, die ihm seine Leibesorganisation vermittelt, entwickelt er den Denkblick, der ihn allem, was er an der Welt und sich selbst erfährt, in dem Bewußtsein gegenüberstellt: »dies alles bin ich nicht«. An seinem Schicksal entwickelt er dagegen das durch Denken vermittelte Vereinigungsbewußtsein: »dies alles bin ich«. Derart spricht er sich als den erkennenden Verwirklicher seines Schicksals an. Gibt er den Schicksalsereignissen doch erst durch sein Denken die Wirklichkeitsgestalt, deren er bewußt wird. Das wirklichkeitbildende, schicksalbewußte Denken geht nicht aus dem wahrnehmlichen, leibvermittelten Bestandteil der Wirklichkeit hervor. Es steht also nicht zu stofflichen Keimanlagen in Beziehung, sondern zu den schicksalhaften Anlässen der Fähigkeitsbildung. Diese Beziehung kann der Mensch nur selbst dadurch herstellen, daß er unter Zurückdrängung seiner Leibesorganisation bewußten Zugang zu jenen Inhalten der Wirklichkeit findet, die er allein durch seine Begriffe erreicht. Derart tritt das Geistige im Menschen mit dem in unmittelbare Beziehung, was in den Welterscheinungen durch das Leiblich-Stoffliche des wahrnehmenden Menschen für dessen Bewußtsein zunächst unterdrückt wird, also wiederum mit einem Geistigen.

Der Vorgang, der sich im Menschen bei dieser Begegnung von Geistigem und Geistigem abspielt, führt zu dem im Vorausgehenden charakterisierten freien Individualisieren. Am Schicksal und im (verstandenen oder auch nur empfundenen) Schicksalsbewußtsein erzieht sich der Mensch zu seinen individuellen Fähigkeiten, die seinem freien Individualisieren entspringen und wiederum durch die kulturbildende Ausdruckskraft des Menschen auf seinen Schicksalsschauplatz zurückwirken. Dabei wird das freie kulturbildende Individualisieren durch das gestützte, schicksalgeführte Individualisieren erlernt. Auf vergleichbaren Vorgängen beruht, wie im Vorausgehenden ausgeführt wurde[69], alles Lernen. Alles wahre Handeln entspringt dieser Schicksalsschule. Denn alles Handeln, das sich über ein Vollstrecken und routinemäßiges Wiederholen erhebt, beruht auf dem freien Individualisieren des erkenntnisgeschulten Denkwillens.

Hiergegen sollte man nicht einwenden, daß eine übergroße Zahl der Beispiele die Lähmung des Handelns durch das Erkennen belege. Im vorliegenden Zusammenhang kommt es allein darauf an, die Entstehung und Leistung des freien Individualisierens richtig ins Auge zu fassen. Dieses bildet die Mitte zwischen Erkennen und Handeln. Durch Erkennen schult es sich an seinen äußeren Bedingungen und Anlässen. Gerade aber durch das Erkennen löst es sich wiederum von diesen los. Erst in dieser Herauslösung offenbart sich der volle Wert dessen, was im Erkenntnisvorgang veranlagt wird, aber freilich oft genug unentwickelt und ungenützt bleibt. Richtige Einfälle im richtigen Augenblick, mag die Situation noch so überraschend sein, hat, wer zuvor Gelegenheit hatte, unter sehr verschiedenen Bedingungen selbständig, also aus eigener Erkenntnis zu handeln. Ein solcher Mensch ist durch sein Leben zu freiem Individualisieren vorbereitet. Auch eine innere Vorbereitung in beweglichem Denken, das aus dem Urbildlich-Begrifflichen neue Bildungen hervorholt, kann eine ähnliche Wirkung haben.

Wer aber nur die starren Schablonen seines Denkens anzuwenden versteht, mag vielleicht ein äußerst geschickter Routi-

69 Vgl. S. 98f.

nier sein, ein wahrhaft Handelnder ist er nicht. Er unterscheidet sich in seiner inneren Seelenhaltung, trotz des äußeren Gegensatzes, nicht vom weltfremden Gelehrten. In beiden Fällen liegt eine Festlegung auf das gestützte Individualisieren vor. Wer diese Stütze nicht entbehren kann, also auf bestimmte Formen des Vorstellens festgelegt ist, vermag nicht aus den flüssigen Gestaltungsmöglichkeiten des beweglichen Begriffes zu schöpfen. Der Routinier und der weltfremde Gelehrte sind in gleicher Weise an bestimmte Vorstellungssysteme gebunden. In beiden Fällen kann man mit Recht von einer Lähmung des Handelns, zwar nicht durch das Erkennen, wohl aber durch das Vorstellen sprechen. Das freie Individualisieren stellt dagegen den Handelnden in den Spielraum der individuellen Gestaltung. Der innere Gewinn des Erkennens bekundet sich im Unterschied zu seinen instrumentalen Ergebnissen als die fortschreitende Schulung im freien Individualisieren ebenfalls frei geschöpfter Begriffe und ferner als die Geschicklichkeit der technischen Anwendung des derart Entwickelten. Auf solche Weise entstehen und entfalten sich stufenweise die menschlichen Fähigkeiten[70].

Menschliche Individualität und Vererbung

Die eigentlich menschlichen Fähigkeiten steigen, wie sich im Vorausgehenden ergab, nicht aus dem Leibe und seinen stofflichen Keimanlagen auf. Sie benützen vielmehr, was durch die Vererbungsströmung entsteht, um sich darin auszudrücken, wobei sie das Vererbte in größerem oder geringerem Maße umbilden. Anlagen und Mängel, die sich im Leiblichen zeigen, sind also nicht die grundlegende Ursache von seelisch-geistigen Fähigkeiten oder Mängeln, wenn ihnen auch durch die von ihnen ausgehenden Förderungen oder Hemmungen sekundär eine fähigkeitbildende Rolle zufallen mag. Vielmehr finden individuelle Fähigkeiten und Mängel ihren Ausdruck in den entsprechenden Funktionen des belebten Leibes, indem dieser vom Handelnden als sein (mehr oder minder taugliches) Werkzeug benutzt wird. Ein anderer Zusammenhang ist für ein voraussetzungs- und folgerungsloses Durchdringen der beobacht-

70 Vgl. Rudolf *Steiner*, Die Philosophie der Freiheit, Kap. 9, »Die Idee der Freiheit«, Kap. 12. »Die moralische Phantasie«.

baren Tatsachen mit lediglich objektseitig geprägten Begriffen im Sinne dieser Ausführungen nicht denkmöglich. Nur ein solches Ergebnis erweist sich vor dem Exaktheitsanspruch der naturwissenschaftlichen Methode als gerechtfertigt.

Die geistig-seelischen Fähigkeiten des Menschen bringen sich in seinem belebten Leibe auf dreifache Weise zum Ausdruck. Sie finden erstens in einem bestimmt gearteten Leibe, der ihnen von Geburt an zuorganisiert ist, das Werkzeug für die Leistungen, durch die sie sich als ausdruckbestimmte und nicht als von außen verhaltensbestimmte Wesensäußerungen des Menschen bekunden. Sie können sich ferner zweitens in staunenswertem oder auch nur geringstem Umfang modifizieren, indem sie fast nur gewohnheitsmäßig oder aber fortschreitend bewußter die leibliche Organisation zurückdrängen und damit auch dem Leibe in dem Spielraum seiner Biegsamkeit ein neues Gepräge verleihen. Und sie können endlich drittens innerhalb dieser Leibesorganisation eine Anlage entwickeln, die nach einer neuen Ausdrucksmöglichkeit verlangt, für welche *dieser* Leib keine Gewähr zu leisten vermag. Derart stellen sich die menschlichen Fähigkeiten unter den Gesichtspunkten der Einzigartigkeit, der Formenvielfalt und des Entwicklungsfortschritts dar.

Der Kern des Straderschen Gedankenganges ist also zweifellos die Einsicht, daß die Einmaligkeit, die Mannigfaltigkeit und der Entwicklungsfortschritt der menschlichen Fähigkeiten im wesentlichen gerade von einer naturwissenschaftlichen Denkweise nicht als Vererbungsergebnis gedacht werden kann. Vielmehr geben sich die individuellen menschlichen Fähigkeiten in den vererblichen Anlagen ihren Ausdruck, setzen sich gegen diese durch und modifizieren sie im Zusammenhang mit ihrer eigenen Entwicklung. Die moderne Naturwissenschaft verstößt gegen ihr eigenes methodisches Ideal, wenn sie den Gegengedanken dieser Anschauung entwickelt, die allein dem Wesen des Menschen gerecht wird.

Heimatlichkeit und Auswanderung

Hieran schließt sich eine weitere Einsicht an, die ebenfalls auf Grund beobachtbarer Tatsachen gewonnen wird. Es unterliegt keinem Zweifel, daß die individuellen Fähigkeiten und Veranlagungen, die auf freiem Individualisieren beruhen, schon in dem Ausgangsbestand der menschlichen Entwicklung, wie er von Geburt an vorliegt, große Verschiedenheiten aufweisen. Im Hinblick auf schöpferische Originalität und erfinderischen Einfallsreichtum unterscheiden die Menschen sehr große Abstände ihrer ursprünglichen Begabung. Will man diese Verschiedenheiten in ihrem Wesen begreifen, muß man Begriffe entwickeln, die den beiden Tatsachen gerecht werden, auf die man hierbei zu achten hat. Durch Individualität erworbene Verschiedenheit beruht nämlich erstens darauf, daß verschiedene Menschen als Erkennende und Handelnde von verschiedenen Provinzen der Welt der allgemeinen Begriffe ausgehen, in denen sie ihrer Wesensart nach beheimatet sind und aus denen ihr Denkwille schöpft. Die Grenzen dieser Provinzen überschneiden sich zwar, verlaufen aber in einer Umfangslinie, die für jeden Menschen eine ihm allein eigentümliche, freilich durch ihn auch abwandelbare Figur darstellt. Zweitens sind aber die Verschiedenheiten der menschlichen Individualitäten durch die abweichende Individualisierung der »heimatlichen« Begriffe und Begriffsbereiche bedingt. Bei diesem zu dem ersten noch hinzukommenden zweiten Merkmal handelt es sich also um spezifische Fähigkeiten des Individualisierens der betreffenden Begriffe, also ihrer Anpassung an zugeordnete Gebiete des Wahrnehmbaren. Aus dem gleichen Begriff »Löffel«, der eine unbeschränkte Anzahl von Individualisierungen umschließt, können zwei Schnitzer auf Grund ihrer verschiedenen Geschicklichkeit und Neigung zum Individualisieren ganz verschiedene Spezialformen entwickeln, die durch ihre gestaltende Fähigkeit bestimmt sind und diese selbst rückwirkend bestimmen. Zu der »Heimatlichkeit« kommt daher noch eine spezifische »Auswanderungsfähigkeit« und »Auswanderungswilligkeit« hinzu.

Das Vermögen, das auf dem Zusammenwirken dieser beiden Bestandteile beruht, wird gewöhnlich als »Fähigkeit« schlechthin bezeichnet. Es handelt sich dabei aber um die Vereinigung zweier Fähigkeiten, von denen die eine bestimmte Bereiche der Ideenwelt innerhalb des Umfangs der eigenen Persönlichkeit aussondert und dieser im engeren Sinne aneignet, während die andere innerhalb dieses Bereiches eine bestimmte Geschicklichkeit entwickelt, seine Gebilde entsprechenden Gebieten des Wahrnehmungsbereiches zuzuordnen, anzupassen und ihnen als umgestaltende Kräfte zuzuführen. Diese Gesamtfähigkeit des Individualisierens kann ursprünglich nur *gegen* den

Leib und deshalb nur in Verbindung mit einem Leibe entwickelt werden. Sie kann daher ihr spezifisches Gepräge ursprünglich nur durch die Verbindung mit einem Leibe und durch die Auseinandersetzung mit diesem erhalten. Wenn dieses spezifische Gepräge schon mit der Geburt auftritt, muß es daher durch die frühere Verbindung mit einem Leibe in einer vorhergehenden Inkarnation entstanden sein. Denn nur durch die Verbindung mit einem Leibe erlangt der Mensch das Unterscheidungsbewußtsein und die Unterscheidungsfähigkeit, die es ihm ermöglichen, sich innerhalb der einheitlichen Ideenwelt bestimmte Gebiete individuell zu eigen zu machen, sich in ihnen zu beheimaten. Und ferner kommt der Mensch nur durch die Verbindung mit dem Leibe als Erkennender in die Lage, die abgebaute Wirklichkeit wieder aufzubauen und dadurch das gestützte und das freie Individualisieren zu erlernen. Heimatlichkeit und Auswanderung sind daher zwar leibfreie Wesens- und Fähigkeitsmerkmale des Menschen, werden aber nur durch die Verbindung und Auseinandersetzung mit einer Leiblichkeit erlangt.

Von der Erkenntnistheorie zur Ontologie

Die Strenge des Beweises, den Strader nach naturwissenschaftlicher Methode entwickelt, beruht auf der richtigen Vorstellung über das Verhältnis der menschlichen Fähigkeiten zu der mit ihnen verbundenen Leibesorganisation.

Zur richtigen Beurteilung dieses Verhältnisses ist es erforderlich, den Blick nicht nur, wie es bisher geschehen ist, auf die bewußtseinbildende Funktion der menschlichen Leiblichkeit, sondern auch auf die Prozesse zu richten, denen sie selbst ihre Entstehung verdankt. Die moderne Naturwissenschaft hat auf diesem Gebiete eine staunenswerte Menge von Beobachtungstatsachen gesammelt. Sie hat diese aber[71] nicht mit den Begriffen durchdrungen, die ihrem differenzierten Seinscharakter entsprechen und geeignet sind, das Wesen des Menschen in seiner Eigenart und Einordnung in die Gesamtwirklichkeit zu begreifen.

71 infolge ihrer Reduktion aller Zusammenhänge auf den Kausalzusammenhang, der zudem in der Seinsform des Wahrnehmlichen vorgestellt wird

Hierzu bedarf es einer Überschau über die Bereiche der Wirklichkeit, wie sie sich der vorurteilslosen Beobachtung ergibt. Den Ausgangspunkt hierfür bildet wiederum die seelische Beobachtung des menschlichen Erkenntnisverhaltens und seiner Bewußtseinsformen.

Die hierhergehörigen Betrachtungen können an einfachen Beispielen gewonnen werden. Als ein solches Beispiel soll der Stoß einer elastischen Kugel gegen eine andere elastische Kugel gewählt werden. Das Ergebnis des Aufeinandertreffens zweier solcher Kugeln ist (neben geringfügigen Formänderungen, die hier unberücksichtigt bleiben sollen) die Lageveränderung beider Kugeln. Zur Aufklärung über die hierbei auftretenden Veränderungen und die in Frage kommenden Verhältnisse stehen uns nur Wahrnehmungen, Begriffe und deren Verbindung miteinander zu Vorstellungen zur Verfügung.

Im Beispielfall liegt eine Fülle von Wahrnehmungen und Begriffen vor, die unser Vermögen, sie aufzuzählen, bei weitem übersteigt. Es ist daher allein möglich, eine Übersicht über die Bereiche zu geben, denen diese Wahrnehmungen und Begriffe angehören:

1. VORBEMERKUNG

In der nachfolgenden Übersicht über jene Bereiche ist zu berücksichtigen, daß diese je nach der Wahl der Gesichtspunkte auch anders eingeteilt werden können. Ferner ist zu beachten, daß jede Untersuchung, die sich mit dem Aufbau der Wirklichkeit aus Wahrnehmungen und Begriffen beschäftigt, der ihr entgegentretenden Feingliedrigkeit wegen sich der Vereinfachung bedienen muß. Dies gilt verstärkt für die im Rahmen dieser Schrift mögliche Aufstellung. Untersuchungen, die auf diesem Gebiete mehr ins Einzelne gehen, wären dringend erforderlich.

2. DIE KUGELN ALS GEGENSTÄNDE

Zu dem Gegenstande, der mit dem Worte »Kugel« bezeichnet wird, werden die vorliegenden Wahrnehmungen (die sich auf verschiedene Bereiche verteilen, den Seh-, Tastbereich usw.) erst durch die zu ihnen gehörigen Begriffe aufgebaut. So erst werden jene Wahrnehmungen verwirklicht. Der Irrtum des weit verbreiteten Aberglaubens, daß man Gegenstände wahrnehmen könne, sollte leicht durchschaubar sein. Denn Gegenstände sind geordnete Ganzheiten, bei denen jeder Teil sich auf das Ganze bezieht und die Teile untereinander in Beziehungen stehen, die nur von dem Ganzen her verständlich sind, dem sie angehören. Die reinen Wahrnehmungen stellen dagegen eine ungeordnete und beziehungslose Mannigfaltigkeit dar. In diesen Gestaltaufbau sind die wahrnehmenden Personen mit ihrem zunächst in den meisten Fällen unterbewußten Denken verflochten. Diese unterbewußte Durchdringung der Wahrnehmungen mit begrifflichen Elementen kann aber bewußt gemacht werden. Die Art dieser Durchdringung ist epochal nuanciert. Daher ist für jedes Zeitalter und jeden Kulturkreis ein Gegenstandsstil charakteristisch, welcher dem Bewußtseinsstil, der ihn prägt, entspricht. Hierbei handelt es sich zunächst um innere Verschiedenheiten der Bewußtseinshaltung und Welterfahrung. Diese kommen aber in den menschlichen Kulturleistungen zum Ausdruck. Da es sich hierbei um verschiedene Weisen der Wirklichkeitsbildung handelt, ist es unzulässig, gleichbenannte Gegenstände in verschiedenen Zeitaltern einander gleichzusetzen, zumal sich auch die Sinnesempfindungen im Laufe der Zeit (ja schon im Laufe eines einzelnen Lebens) verändern. Vielmehr muß man sich fortwährend vergegenwärtigen, daß Gegenstände, insofern wir ihrer bewußt sind, sowie individuelle und kulturelle Leistungen Formen des Verwirklichens sind. Menschen früherer Jahrhunderte entwikkelten an einer Kerze nicht nur andere Stimmungen als wir Heutige, sondern sie verwirklichten sie anders als wir, weil sie mit anders beschaffenen Wahrnehmungen andere Begriffe verbanden.

Menschen verschiedener Zeiten entwickeln nicht nur an äußeren Gegenständen verschiedene innere Erlebnisse, sondern bauen bereits diese Gegenstände verschieden auf. Menschen verschiedener Zeiten leben in verschiedenen Wirklichkeiten. Diese epochalen Verschiedenheiten gehen auf die verschiedenen Bautypen der Begriffspyramiden zurück, die sich über dem Wahrnehmungsfeld erheben, das zu jedem Gegenstand gehört. Betrachtet man im Beispielfall den Begriff »Kugel« als die Spitze der Pyramide, der alle anderen hierhergehörigen Begriffe untergeordnet sind (wobei z. B. einer nächstuntergeordneten Schicht Begriffe wie Größe, Oberfläche, Umfang, Durchmesser usw. angehören mögen), dann erkennt man sofort, daß sich diese Pyramide, ohne daß ihrer Vergrößerung eine Grenze gesetzt wäre, von oben nach unten erstreckt. Denn jedem Begriff sind wieder andere Begriffe untergeordnet, ja es bildet sogar jeder Begriff wiederum die Spitze einer Pyramide. Jede dieser Pyramiden enthält eine unendliche Menge von Elementen. Diese Pyramiden stehen zueinander in ebenfalls unerschöpflichen Beziehungen der Unter-, Über- und Beiordnung. Und diese Unter-, Über- und Beiordnungsverhältnisse übergreifen sich wiederum gegenseitig, indem z. B. der Begriff »Gegenstand« sowohl die Spitze einer Pyramide bildet, welche der Pyramide mit der Spitze »Kugel« übergeordnet ist, als auch einen Bauteil der Pyramide mit der Spitze »Kugel« darstellt. Jedem begrifflichen Element dieser Pyramiden und jeder ihrer Beziehungen entsprechen wahrnehmliche Merkmale und Beziehungen dieser Merkmale an dem Gegenstande, über dessen Wahrnehmungsfeld sich diese Pyramiden erheben. Man kann, wenn man dieser Tatsache inne wird, nur mit dem ergriffensten Staunen die Unendlichkeit des Wirklichkeitsgewebes bewundern, das auch den scheinbar einfachsten Gegenstand gestaltet und umgibt. *Schleiermachers* Ausspruch, man müsse die Welt beschreiben, wenn man eine Stecknadel beschreiben wolle, besteht daher zu Recht. Der Zusammenhang von Unendlichkeiten verschiedener Mächtigkeit und Qualität im Aufbau jedes Gegenstandes ist der konkrete Ursprung der Mengenproblematik.

Die Leitlinien der wesentlichen Bezüge der Begriffe innerhalb der Pyramiden (den Kanten der Pyramide vergleichbar) verlaufen je nach Zeit und Kultur in verschiedenen Richtungen. Hieraus ergeben sich verschiedene Baustile der Pyramiden, die also keineswegs starre Gebilde, sondern in ständiger Verwandlung begriffen sind. Zu diesen langsamen epochalen Veränderungen kommen aber auch noch rasche augenblickliche Veränderungen dieser ebenso streng gebauten wie in sich beweglichen Strukturen hinzu. Dies ist z. B. dann der Fall, wenn je nach dem Zusammenhang, in welchem ein Gegenstand mit einem anderen Gegenstand steht, bestimmte, sonst weniger wichtige Begriffe eine erhöhte Bedeutung erhalten. Hierdurch kann sich der pyramidale Aufbau und damit auch der Wirklichkeitscharakter des Gegenstandes verändern. Ein solcher durch den Zusammenhang betonter Begriff ist im vorliegenden Beispiel jener der Ortsbefindlichkeit. Man kann also (neben anderen) epochale und zusammenhangbedingte Stilelemente im Wirklichkeitsaufbau unterscheiden.

Es muß aber auch noch auf eine andere Art von Beweglichkeit geachtet werden, die allerdings mit den Veränderungen im Aufbau der Pyramiden zusammenhängt. Diese Veränderungen wären nämlich nicht möglich, wenn die Begriffe nicht selbst bewegliche Wesenheiten wären. Der Begriff des Dreiecks z. B. ist eine Bewegungsgestalt, deren wir inne werden, wenn wir Vorstellungen von Dreiecken fortwährend ineinander übergehen lassen. Dabei werden wir einer Bewegungsgestalt inne, die selbst nicht vorstellbar ist, aber allen vorstellbaren sowie allen verwirklichbaren Dreiecken den gleichen Gestaltcharakter verleiht. Die Pyramiden sind also Bewegungsgestalten, deren Elemente wiederum Bewegungsgestalten sind. Erst durch die Vorstellungsbildung, also die Verbindung der Begriffe mit Wahrnehmungen, erstarren die Bewegungsgestalten zu Gerüsten. Daher unterscheidet sich das bewegliche Denken, welches Vorstellungen aus Prozessen entstehen läßt, von dem Aufstellen von Vorstellungsgerüsten.

Hiermit sind im Hinblick auf den zunächst unterbewußten Gegenstandsaufbau aus der Fülle möglicher Gesichtspunkte einige wenige herausgegriffen.

3. DIE BEWEGUNG DER KUGELN

Nicht weniger eingewurzelt als der Aberglaube, man könne Gegenstände (Gestalten) wahrnehmen, ist der andere, welcher die Bewegungen betrifft. Man behauptet, man »sehe« einen Vogel fliegen, man »sehe«, wie sich die Kugeln bewegen. Doch ist es im Falle der Bewegungen noch ersichtlicher, daß es sich hier nicht um Wahrnehmungen, sondern um die Ordnung von Wahrnehmungen handelt. Denn das »Vorher« und »Nachher« kann weder gesehen, noch gehört, noch sonst irgendwie wahrgenommen werden. Wahrnehmungen sind als solche weder früher noch später, wohl aber kann beobachtet werden, wie im Verlauf einer Bewegung später verwirklichte Wahrnehmungen früher verwirklichte Wahrnehmungen ablösen. Diese Beobachtung kann aber nicht an den Wahrnehmungen, sondern nur an dem Vereinigungsvorgang, welcher den Begriff der Bewegung mit den zu ihm gehörigen Wahrnehmungen vereinigt, gewonnen werden. Dadurch erst bildet sich (durch die Realisierung) die Bewegung als ein Ganzes. Und nur dieses Ganze kann Bewegung genannt werden. Entsprechendes gilt für die Teilganzheiten bestimmter Ausschnitte aus einer Bewegung. Reine

Wahrnehmungen, die an der ganzen Bewegung oder auch einem ihrer Teile beobachtet werden, sind aber nicht Teile der wirklichen und verwirklichten Bewegung, sondern Teile der Wirklichkeit dieser Bewegung.

Die Zeitganzheit übergreift die Gegenstands- oder Gestaltganzheit. Das gegenständliche Ganze der bewegten Kugel ist in das zeitliche Ganze ihrer Bewegung eingebettet.

4. DIE MIT DEN WAHRNEHMUNGEN VERBUNDENEN BEGRIFFE

Von besonderer Bedeutung ist es nun, zu beobachten, daß die Art der Verbindung von Wahrnehmungen und Begriffen nicht in allen Fällen die gleiche ist, wie man voraussetzt, wenn man vermeint, daß die Wenn-Dann-Beziehung (die Kausalität) für alle Bereiche der Wirklichkeit nicht nur gültig, sondern sogar (als die einzige Art des Zusammenhanges) allein gültig sei. Von dieser Voraussetzung der heutigen Naturwissenschaft und naturwissenschaftlich bestimmten allgemeinen Wissenschaftsrichtung war in den vorausgehenden Teilen dieser Schrift die Rede. Die vorurteilslose Beobachtung zeigt aber, daß wir ständig, wenn auch zumeist unterbewußt, auch noch andere Tätigkeiten unseres Geistes entwickeln, die nicht in das Schema der Ursache-Wirkung-Beziehung hineingezwängt werden können.

Wenn wir die Bewegungen der beiden elastischen Kugeln verfolgen, die sich durch den Stoß der einen gegen die andere ergeben, dann zeigt es sich (für den Denkblick), daß der allgemeine Begriff der Bewegung, der auf Wahrnehmungen sehr verschiedener Art anwendbar ist, in einer bestimmten Art individualisiert wird. Diese Art der Individualisierung hängt von den Wahrnehmungen ab, welche für diese bestimmten Kugeln charakteristisch sind. Hierbei kommen mit Vorrang jene Wahrnehmungen in Betracht, für deren Verwirklichung der Begriff der Ortsbefindlichkeit zuständig ist. Dieser Begriff wird von den bewegten Kugeln in einer bestimmten Form festgehalten. Er wird zur Vorstellung der aufeinanderfolgenden Orte, an denen sich die Kugeln beim Durchmessen ihrer Wege befanden. Dadurch erstarrt dieser Begriff, und mit ihm erstarren auch die anderen Begriffe der beiden Pyramiden. Ferner erstarrt der Begriff der Kausalität in der Form, welche den bestimmten Fall repräsentiert.

Es ist aber leicht einzusehen, daß diese Erstarrungen nicht eintreten könnten, wenn sie nicht Zustandsweisen beweglicher

Gebilde (der betreffenden allgemeinen Begriffe) wären, wenn sie nicht gleichsam aus einem Lösungszustand herauskristallisieren würden. Die Erstarrung tritt durch die Verbindung von Bewegungsgestalten mit Wahrnehmungen ein. Eine Veränderung derart erstarrter Gestalten kann nach ihrer Erstarrung nur durch die Einwirkung einer anderen Gestalt auf sie erfolgen, wobei der Kausalbegriff, der das Bindeglied bildet, selbst erstarrt. Die Veränderung ist daher ein Element, das dem Aufbau der erstarrten Gestalten nicht angehört, sondern durch Kräfte, die sie in Zusammenhang mit anderen Gestalten bringen, an sie herangetragen wird. Bei den Bewegungsgestalten ist dagegen die Veränderlichkeit selbst ein Gestaltmerkmal. Die Veränderung entsteht bei ihnen nicht auf Grund einer Einwirkung auf sie, sondern ist selbst gestaltbildend. Man kann daher von gestaltbildenden und an die Gestalten herangebrachten Veränderungen sprechen. Diese an die erstarrten Gestalten herangebrachten Veränderungen kann man Zufälle nennen, weil sie auf Zusammen-Fälle zurückgehen, auf das Zusammentreten zweier Gestalten.

Auch im Falle der Vorstellungsbildung hat man es mit dem Ergebnis eines Zusammentreffens zu tun. Doch ist dieses anderer Art als das Ergebnis, das bei Zu-Fall (Zusammen-Fall) zweier erstarrter, also bereits vorstellungsförmiger Gestalten eintritt. Denn die Vorstellung bildet sich durch die Individualisierung des jeweils zuständigen Begriffs. Dieser ist das nicht vorstellbare Ganze, das als eine bewegliche Bildgestalt den einzelnen Vorstellungen zugrunde liegt. Diese sind seine Erscheinungsformen. Der bewegliche Begriff ist also die Voraussetzung seiner vorstellbaren Erscheinungsformen. Diese treten bei der Verwirklichung von Wahrnehmungen auf. Die geordnet verwirklichten Wahrnehmungen sind von individualisierten Begriffen durchdrungen, von Vorstellungen durchsetzt, die in ihnen gegenwärtig sind. In diesem Sinne kann man (im Gegensatz zu den Erinnerungsvorstellungen, die Vergangenheitsvorstellungen und den Zweckvorstellungen, die Zukunftsvorstellungen sind) von Gegenwartsvorstellungen (oder inhärenten Vorstellungen) sprechen. Die Wahrnehmungen sind demgemäß die Bedingungen, nicht die Ursache der Vorstellungsbildung. Deren Ursache ist das Eintreten und Eingreifen der beweglichen Begriffe in die Verwirklichung.

Ebenso wie die beweglichen Begriffe unvorstellbar sind, so sind sie auch nicht in der Art der nicht-begrifflichen Wahrnehmungen unter Vermittlung unserer Leibesorganisation wahrnehmbar. Die in diesem Sinne unwahrnehmbaren und unvorstellbaren Begriffe sind Ganzheiten, da sie vieles zu einer gegliederten Einheit zusammenfassen. Nur in dieser Weise werden wir der Ganzheiten inne, und nur unter Berücksichtigung ihrer Unwahrnehmlichkeit und Unvorstellbarkeit kann man von Ganzheiten sprechen. Das Ganze eines auf einem Tische stehenden Kruges kann man weder sinnlich wahrnehmen noch vorstellen. Man kann sich zwar zahllose Wahrnehmungen und Vorstellungen von ihm verschaffen, nicht aber den ganzen Krug wahrnehmen oder vorstellen[72]. Wohl aber kann man den ganzen Krug als eine ihre Teile bedingende und ordnende Kraftgestalt innerlich vollziehen. Diese Kraftgestalt ist ein Ausschnitt aus dem viel umfassenderen Bewegungsganzen des Begriffes Krug, der allen möglichen äußeren Erscheinungsformen und allen möglichen Vorstellungen von Krügen zugrunde liegt. Entsprechendes gilt für die Kugeln in unserem Beispiel.

Bei den Lebewesen haben wir es ebenfalls mit Ganzheiten zu tun. Das Verhältnis von Wahrnehmung und Begriff ist aber bei ihnen ein anderes als bei den unbelebten Ganzheiten. Während sich die unbelebten Ganzheiten nur durch den Zusammenhang mit anderen Ganzheiten (Gegenständen, Wesen, Prozessen), also in dem hier gekennzeichneten Sinne nur durch »Zufall« verändern, finden im Bereiche des Lebendigen Veränderungen statt, die selbst ganzheitbildend sind. Für diese gilt also, was für die ganzheitbildenden und nicht nur zufälligen Veränderungen im Falle der beweglichen Begriffe bereits ausgeführt wurde[73]. Im Falle der Ortsveränderung der Kugeln haben wir es mit solchen zufälligen Veränderungen zu tun, die den Gestaltaufbau modifizieren und in ihn nachträglich einbezogen werden, ihm aber nicht ursprünglich angehören. Bei der Entwicklung einer Pflanze aus dem Samenzustand im Durchgang durch die verschiedenen Metamorphosen ihres Gestaltaufbaus bis zur Rückkehr in den Samenzustand haben wir es dagegen mit gestaltbildenden Veränderungen zu tun. Diese Veränderungen sind selbst Erscheinungsformen des pflanzlichen Gestaltaufbaus. Die lebendigen Gestalten unterscheiden sich von unbelebten Gestalten nicht dadurch, daß sie sich im Laufe der Zeit verändern. Denn dies ist auch bei unbelebten Gestalten der Fall. Die

72 *Aristoteles,* Poetik, VII, 2: ἔστι γὰρ ὅλον κὰι μηδὲν ἔχον μέγεδος.
73 Vgl. S. 117f.

Zeit ist eine Dimension aller Gestalten. Der Unterschied zwischen unbelebten und belebten Gestalten besteht vielmehr darin, daß die Veränderungen der unbelebten Gestalten an diese durch äußere Veranlassung herantreten, für sie also in diesem Sinne zufällig sind – während bei den Lebewesen die Veränderungen selbst dem Gestaltaufbau angehören, strukturell sind. Nur in diesem Sinne sollte man die Worte »Äußeres« und »Inneres« bei der Unterscheidung von Lebendigem und Unlebendigem gebrauchen. Durch das »Innere« der Pflanze bedingte Veränderungen sind gestaltbildende (strukturelle) Veränderungen, die also innerhalb des Gestaltaufbaus liegen und insofern »innere« Veränderungen sind.

Äußere, von außen kommende Veränderungen können natürlich auch Lebewesen treffen, z. B. wenn der Sturm einen Ast eines Baumes abreißt oder wenn ein Tier durch einen Schuß getötet wird. Dagegen können innere, gestaltaufbauende Veränderungen nicht bei Unlebendigem auftreten. Zwar können wir Kugeln verschiedener Abmessungen in der Vorstellung ineinander übergehen lassen, nicht aber kann eine leblose Kugel verschiedene Formen ihres Erscheinens in ihren Gestaltaufbau einbeziehen. Zu-fällige (»äußere«) und gestaltaufbauende (»innere«) Veränderungen sind für die seelische Beobachtung also dadurch in unverwechselbarer Weise unterscheidbar, daß wir in beiden Fällen verschiedene Tätigkeiten unseres Geistes ausüben. Bei den zufälligen Veränderungen beobachten wir, wie ein bereits auf eine Vorstellung festgelegter Begriff in seinem wahrnehmlichen Träger durch äußere Einwirkung (Zu-Fall) eine andere, wiederum vorstellbare Form erhält. Im Falle der gestaltaufbauenden Veränderung der Lebewesen müssen wir dagegen selbst den Vorgang der Veränderung innerlich viel aktiver mitvollziehen als bei den zufälligen Veränderungen. Wir müssen das unvorstellbare Ganze des Lebewesens als bewegliche Gestalt in unserem Bewußtsein die Formen annehmen lassen, die in ihm veranlagt sind und den Aufbauformen der Lebensgestalt entsprechen. Während also bei Veränderungen unter dem Einfluß von Zufällen die den Wahrnehmungen inhärenten Vorstellungen ihre Vorstellungsform verändern, müssen wir beim Verfolgen der gestaltbildenden Veränderungen des Lebendigen aus dem Unwahrnehmbaren und Unvorstellbaren die in diesem veranlagten Erscheinungsformen mit begrifflicher Phantasie aus dem Gestaltlosen herausgestalten. In diesen beiden Fällen handelt es sich um durchaus verschiedene Tätigkeiten unseres Geistes. Wer geistig nur zufälligen Veränderungen zu folgen vermag, wird keinen Zugang zum Lebendigen gewinnen und die zufälligen Veränderungen, in denen das Lebendige seinen Ausdruck findet (die in diesem Sinne seine Bedingungen darstellen), mit dem Lebendigen selbst verwechseln. Der Biologe bedarf der künstlerisch anschauenden Urteilskraft, wie sie *Goethe* als der Schöpfer der Wissenschaft des Lebendigen in epochal vorbildlicher Weise als Forschungsmethode entwickelt hat.

Es ist auch nicht zu verkennen, daß wir erst durch die Schulung des seelischen Beobachtens und des inneren Vollziehens, das Vorstellbares aus dem Unvorstellbaren schöpft, die innere Bereitschaft erlangen, deren wir bedürfen, wenn wir den Lebenserscheinungen in naturwissenschaftlicher Voraussetzungslosigkeit und Unvoreingenommenheit entgegentreten wollen. Allerdings vollziehen wir unbewußt die betreffenden Tätigkeiten auch ohne solche Vorbereitung. Hieraus ergeben sich die verschiedenen Empfindungen und Gestimmtheiten, deren wir inne werden, je nachdem, ob wir uns einem Lebendigen oder einem Unlebendigen zuwenden. Das wissenschaftliche Verfahren muß aber das unbewußt Vollzogene bewußt machen, den Denkblick in diesem Bewußtmachen schulen und dadurch zu den gegenstandsspezifischen Verwirklichungen und den entsprechenden objektgeprägten Vorstellungen kommen. Geschieht dies, dann wird auch erkannt, daß nicht das Unlebendige die Voraussetzung des Lebendigen oder dieses gar nur eine komplizierte Form des Unlebendigen ist, sondern daß umgekehrt das Lebendige die Voraussetzung des Unlebendigen ist. Und zwar ist diese Voraussetzung eine *logische*, die im Wahrnehmlichen ihren Ausdruck findet. Denn zufällige Veränderungen können nur als Fixierungen lebendiger gestaltbildender Veränderungen entstehen. Dies ist der Befund, den die seelische Beobachtung nach naturwissenschaftlicher Methode aus den Vorgängen der Verwirklichung schöpft.

Es ist also ein überaus wichtiges und unwiderlegbares Ergebnis der seelischen Beobachtung unserer Denkaktivität und unseres Erkenntnisverhaltens, daß das Lebendige nicht aus dem Unlebendigen, sondern vielmehr das Unlebendige aus dem Lebendigen hervorgeht. Dies ist eine Einsicht, die keineswegs nur unser subjektives Verhalten bei der Begriffsbildung betrifft. Vielmehr werden wir durch diese Einsicht eines Merkmals inne, welches dem Aufbau der Wirklichkeit entspricht. Denn die Wirklichkeit läßt sich (wie aus dem hier Ausgeführten hervorgeht) nicht als eine Zusammensetzung aus wahrnehmlichen Bestandteilen vorstellen. Sie wird vielmehr auf Grund der seelischen Beobachtung als eine Durchdringung des Wahrnehmlichen mit lebensförmig-beweglichen Bildekräften erkannt. Hierbei entstehen die erstarrten Vorstellungen als Inhärenzen des Unlebendigen in der dargestellten Weise. Sie sind Abkömmlinge des Lebendigen, das seinerseits von Wirklichkeitsbildekräften abstammt, die ihm (wie unter 5. ausgeführt wird) übergeordnet sind. Die wirklichkeitbildenden Kräfte sind also lebensförmig, und das Unlebendige ist nur ein Spezialfall des Lebensförmigen, das nicht umgekehrt als ein Spezialfall des Unlebendigen vorgestellt werden kann.

Für unsere Erkenntnis- und Lebensstimmung und unser sich von diesen herleitendes soziales Verhalten ist es von grundlegend verschiedener Bedeutung, ob wir im Aufbau des Wirklichen dem Lebendigen oder dem Unlebendigen den Vorrang zuweisen.

5. DIE LEITER

Der logische Zusammenhang, den es zu beachten gilt, reicht aber über das Lebendige hinaus. Wir beobachten im Bereiche der Vorstellungen bestimmte Formbildungen. Diese gehen auf die Beweglichkeit der Begriffe zurück. Diese Beweglichkeit der Begriffe hat aber wiederum eine Grundlage, die sich für die seelische Beobachtung ebenfalls deutlich abhebt. Das hier in Betracht Kommende wurde im vorliegenden Zusammenhang bereits mehrfach angesprochen. Es handelt sich dabei um jenes Merkmal des Denkens, auf Grund dessen sich die Gebilde des Denkens, die Begriffe durch sich selbst, ohne eines Bindemittels zu bedürfen, zusammenschließen. Dadurch bildet das Denken eine Einheit, es ist in sich und durch sich selbst Zusammenhang, und deshalb kann es dem Zusammenhanglosen den Zusammenhang vermitteln. Daher ist es auch nicht »wohlgetan«, von den Ideen in der Mehrzahl zu sprechen, ist die Idee vielmehr »ewig und einzig«. Des in Rede stehenden Merkmals werden wir inne, wenn wir darauf achten, daß die Begriffe, wie dies bereits entwickelt wurde, sich aufeinander beziehen, sich gegenseitig beleuchten, das in ihnen Liegende durch ihre Zusammenhänge in bestimmter Weise betonen. Hierbei handelt es sich um Verhältnisse, die mit den Worten »weisen«, »wissen«, auch »Weisheit« angesprochen werden können. Die Begriffe weisen in bestimmter Beziehung aufeinander hin, sie wissen voneinander, und durch dieses Weisen und Wissen ist ihr Bereich jener der Weisheit. Ist doch die Weisheit das Innesein des Zusammenhangs und das Wissen davon, wie eines auf das andere hinweist. Die Weisheit ist das Wissen davon, wie die Dinge und Wesen auf Grund der in ihnen individualisierten Begriffe, also kraft ihres Weisheitsgehalts in sich über sich hinausweisen und dadurch im allgemeinen Zusammenhang stehen[74]. Dieses In-Sich-Über-Sich-Hinausweisen ist die Grundlage der Beweglichkeit der Begriffe, denn diese wird dadurch erst ermöglicht. Ist man dieses Merkmals inne geworden, dann hebt sich von ihm wiederum die zu-fällige Bestimmtheit des Unlebendigen ab. Dieses wird durch herantretende Einflüsse verändert und erhält derart seine Bestimmungen. Es ist also außer sich in sich hinein bestimmt. Die Grundlage aber für dieses Außer-Sich-In-Sich-Hinein-Bestimmtsein ist die ganzheitliche Beweglichkeit der Begriffe, und wiederum die Grundlage dieser Beweglichkeit ist ihr In-Sich-Über-Sich-Hinaus-Bestimmtsein. Der Wesensbereich dieser Art von Bestimmtheit ist die weisend-wissende Weisheit, die derart die Grundlage der ganzheitlichen Beweglichkeit ist.

Alles Seelische, angefangen von den sinnlichen Trieben, die in sich über sich hinaus auf ihre Ziele weisen, bis zu den höchsten Formen des Erkenntnistriebes hat (als ein Intentionales) diesen Weisheitcharakter. Dieses Seelisch-Weisheitsvolle ist also ebenso die Grundlage des Ganzheitlich-Lebendigen wie dieses die Grundlage des Zufällig-Unlebendigen bildet.

Mit dem Weisheitvollen steht der Mensch als ein Erkennender, wie hier bereits ausgeführt wurde, nicht durch Hinnehmen und Empfangen, sondern durch Tätigkeit in Verbindung. Er verbindet seinen Denkwillen durch seine Denkakte mit den Denkinhalten. Er harmonisiert ferner sein Verhältnis zum Denken und damit zur ganzen Welt dadurch, daß er einerseits durch seine Denkakte Vereinigungsbewußtsein, anderseits durch sei-

74 *Thomas von Aquino*, Summa contra gentiles, II 24,3: »Eine Ordnung von mehreren Dingen kann aber nur zu Wege gebracht werden durch die Erkenntnis des Verhältnisses und der Proportion der Dinge zueinander und zu etwas Höherem als ihrem Zweck; ... somit ist ersichtlich, daß Gott die Dinge in das Sein hervorbrachte, indem er sie zugleich ordnete. Also hat Gott die Dinge durch seine Weisheit in das Sein hervorgebracht.«

nen Denkblick Unterscheidungsbewußtsein entwickelt[75]. Und er erlebt sich schließlich durch seinen Denkwillen in Einheit mit dem sich ihm vereinigenden Geiste. Diese Vereinigung des wirklichkeitbildenden Geistes mit dem menschlichen Denkwillen führt zum Wesenstausch: der Mensch erlebt sich als ein Denkender in einem solchen Bewußtsein, das mit dem Geiste durch Tätigkeit verbunden ist; er erlebt sich derart als ein Wesen, das von dem Geiste gedacht wird, den es selbst denkt. Diese Vereinigungsbereitschaft des Geistes mit dem Wesen, das sich mit ihm geistig verbindet, kann man Liebe nennen. Sie ist die Grundlage aller anderen Entfaltungsweisen unseres eigenen Geistes wie auch der Formen, in denen dieser in die Welterscheinungen eintaucht. Die Liebe ist ebenso Grundlage unseres erkennenden Wesens wie der Wirklichkeit überhaupt.

Wir überblicken im Sinne des Ausgeführten eine *geistige Leiter*, deren Sprossenfolge nun nochmals aufgeführt werden soll: 1. Die Verwirklichung (so wie sie hier verstanden wird) beginnt mit der Vereinigung von Wahrnehmung und Begriff, die zunächst unterbewußt erfolgt, aber durch seelische Beobachtung fortschreitend bewußt gemacht wird. Diese Vereinigung von Wahrnehmung und Begriff vollbringt der Mensch zunächst als ein Einzelner. Durch sie wird die ungeordnete Stofflichkeit des Wahrnehmlichen zur Wirklichkeit aufgebaut. Durch die seelische Beobachtung dieser Vereinigung erhebt sich der Mensch aus der geringeren Wachheit seines gewöhnlichen Bewußtseins zur Wirklichkeitswachheit und damit erst zu der (in der Verwirklichung begründeten) Würde seines Wesens. 2. Die Art der Verwirklichung ist aber dadurch nuanciert, daß jeder Mensch einem Kulturbereich, einem Sprachraum angehört. 3. Die kulturelle Nuancierung der Verwirklichung ist wiederum durch den Stil der Epoche nuanciert, der die Kulturbereiche übergreift. 4. So entstehen die individuellen Begriffe, welche als epochal nuancierte Formen des Vorstellens den ihnen zugeordneten Wahrnehmungen Gestalt geben und einwohnen. 5. Die Vorstellungsbildung hat zu ihrer Grundlage die ganzheitliche Beweglichkeit der Begriffe. 6. Die Grundlage dieser Beweglichkeit ist deren in sich über sich hinausweisender Weisheitsgehalt, der die in sich geschlossene Einheitlichkeit des Ideellen bedingt. 7. Mit dem Weisheitvoll-Ideellen ist der

75 *Thomas von Aquino*: Gott erkennt sich im Sohne und will sich im heiligen Geiste.

Mensch durch die Akte seines Denkwillens verbunden. 8. Er harmonisiert sein Verhältnis zur Welt dadurch, daß sein Denkwille sich im Pendelschlag zwischen Akt und Blick, zwischen Vereinigungs- und Unterscheidungsbewußtsein entfaltet. 9. Er steht durch seinen Denkwillen im Wesenstausch mit dem Geiste, da dieser liebende Hingabe seines Wesens an die sich mit ihm vereinigenden Wesen ist.

In der vorausgehenden schematischen Zusammenfassung wurde die geistige Leiter des Wirklichen und der Wirklichkeitsbildung in vergleichsweise aufsteigender Sprossenfolge beschrieben. Die seelische Beobachtung kann aber auch in absteigender Sprossenfolge sich über die Wirklichkeitsleiter bewegen. 1. In der Beobachtung des (von uns stets unbewußt vollzogenen) wirklichkeitbildenden Erkenntnisvorgangs werden wir als seines Ursprungs unseres Denkwillens inne. Dieser ist der unversehrte, von keiner Leiblichkeitsbehaftung antastbare, rein geistige Teil unseres Wesens. Wir werden in ihm der Hingabe der geistigen Weltenliebe an unser Wesen inne. Sie vereinigt sich mit uns, indem sie uns mit dem Denkwillen begabt. Und wir vereinigen uns mit ihr, indem wir unseren Denkwillen betätigen. Im Denkwillen erleben wir den Wesenstausch, der unserem Wesen und der Wirklichkeit überhaupt zugrunde liegt. 2. Wir harmonisieren uns innerhalb der Wirklichkeit durch den rhythmischen Wechsel von Blick und Akt, von Unterscheidungs- und Vereinigungsbewußtsein. Hierdurch leben wir uns in die Welt der wirklichkeitbildenden Begriffe und durch diese in die übrige Wirklichkeit ein. 3. Der Eintritt in die Wirklichkeit geschieht, wenn sich unsere Denkakte mit den Denkinhalten vereinigen. 4. Die Denkinhalte entfalten sich als ein in sich geschlossenes weisheitsvolles Wesensweben. 5. Auf Grund dieser Weisheitsordnung zeigen sich die Begriffe als lebendige, in sich gegliederte und in vielfältigen Beziehungen stehende, bewegliche Ganzheiten. 6. Auf Grund ihrer Beweglichkeit können sie zahllose Formen annehmen. Daher geben sie allen Gebilden und Gestalten ihre wesenseigene Form. 7. Diese Form ist epochal nuanciert. 8. Die Form der Gestalten des Wirklichen ist ferner nuanciert durch den Sprach- und Kulturraum, innerhalb dessen die verwirklichenden Menschen leben. 9. Die Realisierung ist die Grundleistung unserer individuellen Menschlichkeit. Durch sie vermenschlichen wir uns. Realisierung und Humanisierung bedingen sich gegenseitig.

In unserem alltäglichen Verhalten steigen wir ständig über

die Wirklichkeitsleiter auf und ab, meist ohne uns dies durch seelische Beobachtung bewußt zu machen. Auf jeder der Leitersprossen entwickeln wir spezifische Tätigkeiten unseres Geistes. Die Wenn-Dann-Beziehung gehört der untersten Leitersprosse an. Bereits die Vorstellungsbildung aus dem Unvorstellbaren, die Gestaltbildung aus dem Gestaltlosen, die unser künstlerisches Vermögen erheischt, befindet sich in einem höheren Wirklichkeitsbereich.

6. VON DER ERKENNTNISTHEORIE ZUR ONTOLOGIE

Diese stark vereinfachte Darstellung des Aufbaus des Geistigen und Wirklichen macht ersichtlich, daß die inneren Bestimmungen des Erkennens, die sich uns bei der Beobachtung unserer geistigen Tätigkeit vor Augen stellen, zugleich Bestimmungen des Wirklichen sind. Dies kann nicht anders sein, weil der Erkenntnisprozeß ja der Prozeß der Realisierung ist. Das Erkennen steht nicht in der Rolle des Zuschauers, des Photographen oder des völlig dem Sein entrückten Illusionärs der Wirklichkeit gegenüber. Es ist vielmehr ein sich innerhalb der Wirklichkeit abspielender Prozeß, dessen eigene Stufenfolge dem Aufbau der Wirklichkeit aus ungeformtem Wahrnehmungsstoff entspricht. Die Erkenntniswissenschaft, welche den Erkenntnisprozeß nach naturwissenschaftlicher Methode seelisch beobachtet, ist daher keine wirklichkeitsferne Theorie, sondern echte Seinswissenschaft (Ontologie). Sie verfolgt die Entstehung einer durchgeistigten und geistgestalteten Wirklichkeit aus dem Geistlos-Wahrnehmlichen.

Die gekennzeichnete geistige Leiter erhebt sich über jedem Ding und Wesen, sie ist mit allen Welterscheinungen verbunden. Sie gehört also als der Gestaltcharakter des Wirklichen auch schon den unbelebten Gestalten an. Die Unterschiede im Gestaltaufbau der Welterscheinungen ergeben sich, bildhaft gesprochen, daraus, daß eine unterschiedliche Zahl der Sprossen dieser geistigen Leiter von dem jeweiligen Wesensbereich umfaßt wird. Je nach dem Aufbau des betreffenden Wesens und der Seinsschicht, in welcher es sich befindet, schließt sein eigener Wesensbereich eine größere oder geringere Sprossenzahl ein, während die übrigen Sprossen als die von oben her tragenden Grundlagen der niedrigeren Sprossen zwar zu diesen gehören, aber das Wesen überragen. Bei den unlebendigen Gestalten befindet sich nur die Sprosse des individualisierten Begriffs in deren eigenem Wesensbereich. Sie wird aber von oben her durch die höher liegenden Sprossen, die sie an Wirklichkeitsgehalt übertreffen, in der Wirklichkeit befestigt. Bei den Wesen der lebendigen Welt gehört auch die Sprosse der beweglichen Ganzheit, des lebendigen Begriffs ihrem Bereiche an. Entsprechendes gilt für die Wesen der höher gelegenen Seinsstufen. Auf je höherer Seinsstufe ein Wesen steht, mit desto mehr Wirklichkeitsgehalt ist es angereichert und um so kleiner ist die Anzahl der Sprossen, von denen es überragt wird. Eine eingehende erkenntniswissenschaftlich-ontologische Beschreibung des Wirklichkeitsaufbaus auf Grund der seelischen Beobachtung des Erkenntnisvorgangs kann hier nicht gegeben werden. Sie ist das grundwissenschaftliche Anliegen der anthroposophisch orientierten Geisteswissenschaft.

Das Ergebnis dieser ontologischen Erkenntniswissenschaft ist die Überschau über einen Aufbau der Wirklichkeit, der nicht zufällig auf den Menschen zuläuft, sondern auf das Menschliche hin und vom Menschlichen her als seinem Bauprinzip begründet ist. Indem der Mensch in seinem Erkennen die ihn umgebende und ihm begegnende Wirklichkeit realisiert, lebt er in dem sich stufenweise offenbarenden Menschlichkeitsgehalt der Welt. Dieser ihm entgegenkommende Menschlichkeitsgehalt der Welt ist sein Schicksal, das nicht zufällig, sondern menschlich ist. Die Aufgabe des Menschen und sein Vermögen ist es, aus dem schicksalhaften Menschlichkeitsgehalt seine individuelle Menschlichkeit, seine freien Fähigkeiten zu schöpfen. In unserem Beispiel (der Ortsveränderung der aufeinander auftreffenden Kugeln) ist die spezielle Bewegung ein Gestaltganzes, das einen Ausschnitt aus dem größeren Ganzen des Bewegungsbegriffs darstellt, der seinerseits durch die höher liegenden Teile des Wirklichkeitsaufbaus getragen wird.

Wiederverkörperung des Geistes und Schicksal

Die Weltentwicklung als menschenbildendes Schicksal und die Menschenbildung als Freiheit (in Gestalt des freien Individualisierens) laufen aufeinander zu und treffen aufeinander auf im schöpferischen Augenblick.Die Realisierung und die Humanisierung begründen und durchdringen sich gegenseitig.

Der Weltentwicklung gehört auch die Vererbungsströmung an. Ihre Aufgabe ist es, dem Menschen eine Organisation zu übermitteln, welche die Wirklichkeit dekomponiert. Die Wirksamkeit dieser Organisation ist aber im Verwirklichungsakt zurückdrängbar. Auf Grund dieser Konstitution seines Wesens vermag der Mensch der Verwirklicher seines Schicksals zu sein. Denn die Verwirklichung ist die Grundlage seines Bewußtseins und die Leistung seines Erkennens. Die Entwicklung der menschlichen Fähigkeiten kann demgemäß nur als ein immer erneutes Untertauchen menschlicher Individualitäten in die menschliche Vererbungsströmung gedacht werden, aus der sie die Elemente schöpfen, die geeignet sind, den Ausdruck ihres Wesens zu empfangen. Mit diesem Untertauchen hebt der Entwicklungsgang der Menschheit an; dessen Ursprung ist der Ursprung menschlicher Fähigkeiten. Als das Ende dieser Entwicklung zeigt sich zugleich deren Sinn an, der in ihrer Beobachtung selbst anschaulich wird. Dieser Sinn tritt vor die denkende Beobachtung als die Freiheit. Ihr kommt als dem Ziele der menschlichen Fähigkeitsentwicklung die Bedeutung des freien Individualisierens des geistigen Gehaltes der Welt zu. Dieses freie Individualisieren beruht einerseits auf der Fähigkeit der Zurückdrängung der menschlichen Organisation, also auf der *gegen* diese Organisation gerichteten, leibfreien Aktivität, anderseits auf der gestaltenden Phantasie, die allgemeine Begriffe und Ideen zu individuellen Formkräften des Wirklichen umprägt. Hieraus ergibt sich als die weitere Bedeutung dieser Freiheit ihr Vermögen, die wahrnehmbare Grundlage der Welt zu verändern. Damit wird der Mensch zum schöpferischen Fortführer des Weltprozesses.

Im Verlaufe ihrer Entwicklung geben die menschlichen Individualitäten an die menschliche Vererbungsströmung die von ihnen errungenen Ausdruckswerte ab, damit andere Individualitäten immer wieder aus diesem Ausdrucksgehalt schöpfen können. Dieser kann derart verbessert, aber auch verschlechtert werden.

Da die menschlichen Fähigkeiten nicht nur mit der geistigen Welt verbunden sind, der sie entstammen und die sie in sich fortbilden, indem sie sie individualisieren, sondern auch mit einer Leibesorganisation, die sie zurückdrängen und in der sie sich ausdrücken, entsprechen die Ausdruckswerte, die in ihrem seelischen Bereiche entwickelt werden, körperlichen Ausdruckswerten. Diese können von der Vererbungsströmung übernommen werden. Daher gibt es nicht nur körperliche, sondern auch seelische Familienähnlichkeiten, wenn eine Individualität aus der ihr zuströmenden Vererbungssubstanz beim vorgeburtlichen Aufbau ihres Leibes das ihr Entsprechende aufnimmt.

Man beurteilt solche Familienähnlichkeiten jedoch im Sinne des hier Ausgeführten nur dann richtig, wenn man ihnen gegenüber dem Seelischen nicht die Rolle von Ursachen unterschiebt, sondern sie in ihrer Ausdrucksbedeutung versteht. In Rudolf *Steiners* »Theosophie« finden sich hierzu die folgenden Bemerkungen: »So wie ... die physische Menschengestalt immer wieder und wieder eine Wiederholung, eine Wiederverkörperung der menschlichen Gattungswesenheit ist, so muß der geistige Mensch eine Wiederverkörperung *desselben* geistigen Menschen sein. Denn als geistiger Mensch ist eben jeder seine eigene Gattung«[76]. »Daß auf dem Wege der Vererbung auch seelische Eigenschaften übertragen werden können, also der Fortgang der physischen Vererbung einen seelischen Einschlag erlangt, hat seinen Grund darin, daß der Seelenleib« (die feinste Ausgestaltung der Leiblichkeit) »von der Empfindungsseele« (jener Ausgestaltung des Seelischen, worin dieses ebenso durch das Denken [den Denkblick] wie durch die Empfindung [die objektseitigen Prägungen] befruchtet wird) »beeinflußt werden kann«[77].

Eine richtige Beurteilung der Bedeutung der Vererbung kann in dieser also nicht nur eine Fessel oder auch eine in die Wiege gelegte Glücksgabe sehen. Gewiß bilden die vererblichen Elemente unseres Wesens die stoffliche Grundlage, durch deren Umgestaltung der geistige Teil unseres Wesens seine Überlegenheit beweisen muß. In diesem Sinne sind durch die Vererbung vermittelte Vorzüge nicht weniger hemmend als auf dem gleichen Wege übertragene Nachteile. Den für die Beurteilung des Vererbungsgeschehens entscheidenden Gesichtspunkt nimmt man aber erst dann ein, wenn man dessen Bedeutung im Zusammenhang der Realisierung betrachtet. Innerhalb des Erkenntnisvorgangs erscheint die Vererbung durch den Aufbau unserer Leiblichkeit nicht als hemmender, sondern als befreiender Einfluß. Denn durch unsere Leiblichkeit wird die Wirklichkeit dekomponiert. Diese Dekomposition ist aber die Voraussetzung der Realisierung. Unter dem Gesichtspunkte des Erkennens kommt also der Vererbung die Aufgabe zu, die

76 A. a. O., 78f.
77 A. a. O., 82.

Grundlage unserer Selbstverwirklichung, also gerade der Befreiung von ihren eigenen Einflüssen, zu bilden. Diese zunächst einigermaßen paradox anmutende Feststellung ist das Ergebnis der seelischen Beobachtung. Sie wird verständlich, wenn man sich vergegenwärtigt, daß der Sinn der Verleiblichung nicht in dieser selbst, sondern in der durch sie ermöglichten Individualisierung unseres geistigen Wesens liegt.

Nach einer Bemerkung Rudolf *Steiners* bleibt zwar die im Sinne dieser Ausführungen »durch das Denken recht orientierte, gewöhnliche Beobachtung«[78] im Verhältnis zu den geistigen Einsichten, die man auf Grund seelisch-geistiger Schulung erlangt, einerseits »silhouettenhaft«. »Aber anderseits ist richtig, daß, wer sich eine solche Vorstellung durch gewöhnlich denkende Beobachtung erwirbt, sich bereit macht zur übersinnlichen Beobachtung«[79].

Damit ist auf den Ausdruckswert des skizzierten Gedankenganges hingewiesen. Erfolge (von Gedankengängen und Handlungen) kann man im Gedächtnis bewahren, genießen und als Instrumente in den Dienst seiner Bedürfnisse und Absichten stellen. Der eigentlichen Aufgabe des Menschen, sein höheres Wesen am Leibe und in der Sinnenwelt (aber nicht durch jenen und für diese) zum Ausdruck zu bringen, wird man dadurch freilich nicht gerecht. Denn, was sich im Ausdruck kundgibt, kann man nicht als etwas Fertiges besitzen und benützen, sondern nur als etwas Geschehendes vollziehen und erleben. Es kommt daher bei dem in Rede stehenden Gedankengang nicht auf sein Ergebnis, sondern auf seinen Verlauf und das Leben in seinem Verlaufe an, auf die Souveränität gegenüber der Begierde nach seinem Erfolg. Dagegen ist das intellektualistische Habhaftwerden der Ergebnisse von Gedankengängen (die Gedankenhabsucht) für die Entwicklung eines modernen Bewußtseins ohne Bedeutung. Die Anknüpfung von Spekulationen an solche thesaurierten Erkenntnisergebnisse und deren instrumentale Verwendung sind Erscheinungsformen des Intellektualismus, die einer gesunden seelischen Entwicklung besonders abträglich sind.

Da die seelische Beobachtung nach naturwissenschaftlicher Methode ersichtlich macht, daß der Mensch ein menschenbildendes Schicksal in seinem Erkennen verwirklicht und sein

78 A. a. O., 85.
79 A. a. O., 85.

freies Individualisieren, seine Freiheit in der Schule einer seiner Meisterschaft harrenden Welt erlernt, schließt sich hieran eine weitere Einsicht an.

Seine Fähigkeiten kann der Mensch nur im Zusammenhang mit einem die Wirklichkeit dekomponierenden Leibe dadurch erlangen, daß er dessen Wirksamkeit im Wiederaufbau der Wirklichkeit (durch die Realisierung) zurückdrängt und dadurch das Geistige (nicht aus stofflichen Keimanlagen Stammende) seines eigenen Wesens mit dem Geistigen der Welterscheinungen verbindet. Da er schon von Geburt an über Fähigkeiten verfügt, die (als Fähigkeiten des erkennenden und handelnden Individualisierens) ihrem Wesen nach nicht aus stofflichen Keimanlagen stammen, aber nur in Auseinandersetzung mit einem Leibe und der durch diesen vermittelten Wahrnehmungsgehalte errungen worden sein können, muß seiner jetzigen Verkörperung eine frühere Verbindung mit einer Leibesorganisation vorangegangen sein. Da ferner das Wirklichkeitsgewebe auf die Entstehung seiner Menschlichkeit abgestimmt und die Schule seiner Freiheit ist, muß er in einer späteren Verkörperung dort anknüpfen, wo der Weg, den er in einer früheren Verkörperung zurücklegte, unterbrochen wurde. Die Schicksale seiner verschiedenen Lebensläufe stehen also in einem durch sein eigenes Verhalten begründeten Zusammenhang. Dieser Zusammenhang macht ersichtlich, daß eine einzelne Verkörperung nur ein Beispiel einer menschlichen Individualität ist.

Diese Beispiele seiner selbst gibt der Mensch als Stufen seiner Selbsterkenntnis und Selbstgestaltung der Welt. Bei diesem Werke, das er an sich selbst vollbringt, schöpft der Mensch aus dem Weltgeschehen, dessen Strom ihm als ein menschenbildendes Schicksal entgegenkommt. Der Mensch realisiert daher in seinem Erkennen nicht nur überhaupt, sondern er realisiert, indem er das Wahrnehmliche realisiert, sich selbst aus dem in der Welt veranlagten Menschlichkeitsgehalt. Die Welt ist auf die Entstehung des Menschen hin geordnet wie dieser auf eine durch ihn neu entstehende Welt, indem er durch das Mitgestalten der geschaffenen Welt seine eigenen schöpferischen Fähigkeiten entwickelt. Dies ist möglich, weil die geistigen Aufbaustufen der Welt und des Menschen einander entsprechen, weil die Menschlichkeit eine Metamorphose der Weltlichkeit ist[80].

80 Rudolf *Steiner*, Die Prüfung der Seele, 5. Bild: »Ihr achtet nicht, wie

Daher entsteht der Mensch aus der Realisierung einer menschenbildenden Welt, und wird er dadurch zum Urheber einer menschengeschaffenen Welt. Hieraus wird die geistige Verflechtung und Rückbezüglichkeit von Realisierung und Humanisierung, von Individualität und Schicksal, die intime Beziehung alles Erfahrenen auf den erfahrenden Menschen ersichtlich. Zugleich wird ersichtlich, daß das Urbild alles Wirklichen der Mensch ist, daß die Formen der Weltentwicklung Variationen des Themas Mensch sind.

Doktor Straders strenger Beweis beruht einerseits auf der seelischen Beobachtung jener Vorgänge, die zur Bildung der menschlichen Fähigkeiten führen, anderseits auf der Beobachtung der sich stufenweise gegenseitig bedingenden Tätigkeiten unseres Geistes, die wir beim Erkennen der Wirklichkeit im Mitvollziehen ihres Aufbaues ausüben. Das Zusammentreffen dieser beiden Prozesse bildet den strengen Beweis über die Wiederverkörperung des menschlichen Geistes und die universell und individuell begründete Schicksalhaftigkeit seiner Lebenserfahrungen.

inhaltreich der Mensch als Bild der Weltenreiche ist.« Meister *Eckhart*: »Alle Kreatur meint den Menschen«.

V

Straders Zusammenbruch

Rudolf Steiner hat die Gestalt Straders durch den Mut ausgezeichnet, der sich von der Suggestion eines solchen Denkens und Wollens befreit, das sich am Erfolg orientiert. Hierin ist Strader Gideon Spicker durchaus wesensverwandt. Strader schreitet daher in seiner Entwicklung durch Mißerfolge vorwärts. Zwar kann der Mensch nur im Lebenserfolg und der Umgestaltung der irdischen Verhältnisse seine Fähigkeiten entwickeln. Jedoch wird er sein wahres Ziel, die Freiheit in der Gemeinschaft, gerade nur dann erreichen, wenn jener Erfolg und jene Umgestaltung ihm nicht Ziele, sondern Mittel sind. Dazu bedarf es des Mutes, der sich selbst bezwingt und der Unabhängigkeit, welche sich nicht von der öffentlichen Meinung fesseln läßt. Durch diesen Mut und diese Unabhängigkeit wird Strader der Aufgabe des Menschen bewußt, am Leibe und in der Sinnenwelt den Ausdruck und die Entfaltung seines höheren Wesens zu erleben und zu erstreben, ohne von den dazu erforderlichen Mitteln (der Leibesorganisation und dem Leben in einer äußeren Welt) abhängig zu bleiben. Ohne diese kann er zwar seine Aufgabe nicht in Angriff nehmen, unter ihrem Einfluß kann er sie jedoch nicht vollenden. Im Sinne dieser Erkenntnisse wird der Entwicklungsgedanke der modernen Naturwissenschaft auf die Entwicklung der menschlichen Fähigkeiten in der Weise ausgedehnt, daß durch denkende Beobachtung dem Anspruch der naturwissenschaftlichen Methode in exakter Weise genügt wird: seine Einzigartigkeit, die Formenvielfalt seines seelischen Lebens und den Fortschritt seiner Entwicklung bekundet und entfaltet der Mensch im Schicksalsgang seiner wiederholten Erdenleben.

Wir haben nunmehr aber neuen Anlaß, uns daran zu erinnern, daß Strader durch seine Einsicht in das Wesen des Menschen, gerade ihrer Unumstößlichkeit wegen, keineswegs emporgehoben wird, daß sie ihn vielmehr zusammenbrechen läßt. Wir verstehen, daß dies mit der naturwissenschaftlichen Erfahrungsorientierung seines Denkens zusammenhängt. Wir können aber hierzu jetzt noch einen weiteren Gesichtspunkt hinzufügen.

Der Erfolg im mechanistischen Sinne muß das Ergebnis von

Kräften sein, deren Richtung durch ihn orientiert ist. Als sein umfassendstes und verabscheuungswürdigstes Gleichnis entwickelt das Erfolgsdenken die Vorstellung des Weltmechanismus, der Weltmaschine, deren Funktion lediglich das Hervorbringen vorherbestimmter Funktionen ist, bis sie mit der Erschöpfung aller Antriebe an ihr Ziel gelangt. Der Erfolg muß aber auch ursprungsorientiert in dem Sinne sein, als er nur aus seinen eigenen Bedingungen schöpfen kann, freilich, soweit es sich um Teilbereiche des Wirklichen handelt, unter dem Einfluß zufälliger anderer Bedingungen, die aber für das Weltganze entfallen. Denn wer den Erfolg als etwas sich äußerlich Bekundendes, also im mechanistischen Sinne vorstellt, wird sich als dessen grundlegendes Erfordernis nur auf das verlassen, was in seiner Ausgangssituation liegt und sich freilich mit fördernden oder hemmenden Umständen auseinanderzusetzen hat. Er wird aber nicht darauf vertrauen, daß etwas qualitativ Neues in dem Anfänglichen durch Ereignisse auftrete, die an dieses herantreten. Was derart zu dem Geschehenden hinzukommt, kann bei einem Mechanismus nur eine Störung sein. Solche Störungen können allenfalls durch Rückkoppelung ausgeglichen werden. Der Erfolg ist also ein Geschehen, dessen Ende in seinem Beginn veranlagt ist. Im mechanistischen Weltganzen kann es keine Störungen, sondern nur den von Anfang festliegenden Verlauf geben.

Dieser Anschauungsweise entspricht es, neben der Vorstellung einer Weltmaschine auch die andere über eine Evolutionstheorie zu entwickeln, welche die Organismen auf dem Wege ihrer Entwicklung im wesentlichen aus ihrer Uranlage schöpfen läßt. Diese Theorie kann daher nur zweckmäßigere und kompliziertere Anordnungen des Ursprünglichen zulassen. Wie es im Sinne des mechanistischen Denkens kein Inneres im Sinne der Kontinuität sich selbst verwandelnder Fähigkeiten gibt, sondern nur eine Abfolge von Zuständen, die einander äußerlich bleiben, wenn auch jeder der Erfolg des ihm vorausgehenden ist, gibt es im Sinne der selektionistischen Evolutionstheorie auch kein solches Äußeres, durch dessen Begegnen das sich entwikkelnde Wesen sich selbst neu erschlossen werden würde. Während es also für die mechanistische Weltvorstellung keinen Ausdruck eines Inneren gibt, der ja nur auf Grund innerer Fähigkeitsbildung möglich ist, gibt es für die selektionistische Evolutionsvorstellung keine echte Verinnerlichung eines Äußeren, kein Erwachen des eigenen Wesens in der Begegnung mit einem anderen Wesen.

Daß die menschliche Fähigkeitsentwicklung nicht mit einer mechanistischen Weltvorstellung vereinbar ist, durchschaut Strader. Er ist zu der Einsicht vorgedrungen, daß ein bewußtes Erleben der Wirklichkeit allein mit der Einsicht über die Leibfreiheit und Schicksalbestimmtheit der individuell-menschlichen Fähigkeiten vereinbar ist. Da sein Blick aber nicht bis zu der ewigen Individualität des Menschen reicht, die innerhalb einer durchgeistigten Welt ihren Weg durch ihre Verkörperungen sucht, läßt ihn gerade diese Einsicht in eine mechanistische Vorstellung zurückfallen. Weil die ordnende Macht des Schicksals über den Menschen wie über ein Rädchen im Weltgetriebe zu verfügen scheint, ohne daß er der Mitbestimmung dieses Geschehens, ja auch nur der Einsicht in die Art seiner Wirksamkeit fähig wäre, wenn es ihm auch als Tatsache gewiß sein muß, verzweifelt er an allem Erkennen. Denn dessen höchste Einsicht scheint doch nur die Sinnlosigkeit sein zu können, wenn sie den Menschen sich selbst als ein Wesen darstellt, das unbewußt und ohnmächtig unerkennbaren Mächten unterworfen ist.

In dieser Verzweiflung bekundet sich aber gerade Straders Ehrlichkeit. Denn jeder, dem sich nicht wenigstens der ahnende Blick auf das Wesen seiner ewigen Individualität öffnet, muß diese Verzweiflung mit ihm empfinden. Zugleich aber kommt in dieser Verzweiflung zum Ausdruck, daß Strader jene Erscheinungsform des modernen Aberglaubens noch nicht überwunden hat, welche die Bedeutung der Menschenbegegnung verleugnet. Ihren entschiedensten Ausdruck findet diese Verleugnung in der darwinistischen Selektionstheorie, die sich ja nicht nur innerhalb ihres wissenschaftlichen Umkreises, sondern als seelenverödende Bewußtseinshaltung weit über diesen hinaus in Wirkungen bekundet, die jeder Wachsame in der eigenen Seele unter den Masken erkennen kann, welche sie annimmt. Eine dieser Wirkungen ist die Neigung zur »Unbelehrbarkeit« im Sinne *Felix Baldes*, die in darwinistischer Weise nur aus sich selbst schöpfen, nicht aber in der Menschenbegegnung zum eigenen wahren Wesen erwachen will. Es bedarf nicht der Beispiele, um diese Psychose der Selbständigkeit, die in der Abweisung der Mutterbrust durch den Säugling gipfeln muß, zu charakterisieren. In der »Belehrung« über das eigene Wesen durch die Begegnung mit einem anderen Menschenwesen schimmert aber die Ahnung der eigenen ewigen Individualität auf und mit dieser der Sinn der Schicksale, die Menschen zum

Erwachen aneinander im Erleben ihres höheren Wesens zusammenzuführen. Jene »Unbelehrbarkeit«, die ihr Unvermögen, in der Menschenbegegnung zu erwachen, mit Freiheit verwechselt und in der Ablehnung des Andersartigen selbständig zu sein glaubt, während sie der Massenhaftigkeit verfällt, ist eine der bedenklichsten Erscheinungen der Asozialität unserer Zeit.

Die »Unbelehrbarkeit«, die in darwinistischer Seelenöde nur aus sich selbst schöpfen, also im Grunde uralt bleiben und die Verjüngung, welche die Begegnung spendet, verschmähen will, muß Strader in ihrer erschütterndsten Bedeutung durchleben. Erst in der Begegnung mit *Theodora* wird ihm die erlösende Gewißheit seines eigenen höheren Wesens als der geistigen Quelle zuteil, die seinen Schicksalen in wiederholten Erdenleben ihren Sinn verleiht.

Der Ausdruckskraft des Denkens, die sich der Mensch in seinen individuellen Fähigkeiten aneignet und als die Sprache seiner ewigen Individualität bekundet, ist Strader gewiß geworden. Er weiß von dem in ihm sprechenden, aber noch nicht genug von dem in ihm lauschenden Geiste. Dieser kann die Stimme seines eigenen wahren Wesens nur vernehmen, wenn er im lauschenden Begegnen ausspricht, wozu er erwacht, indem er des allen Menschen Gemeinsamen und doch jedem auf individuelle Weise Eigenen inne wird. Erst wenn die Sprache auch lauscht, hat sich ihre Rede völlig erschlossen.

Seelische Beobachtung

»Ich emfinde mich denkend eins mit dem Strome des Weltgeschehens« – beobachten wir die seelisch-geistigen Erlebnisse und Verrichtungen, deren wir im inneren Hervorbringen dieser meditativen Worte, die wir Rudolf Steiner verdanken, ansichtig werden können. Diese Beobachtung wird ein neues Licht auf den Gedankengang Straders werfen.

Auch wenn wir nur die Lautgestalt dieser Worte in innerer Betätigung festhalten, ohne auf ihre Bedeutung und den sie durchziehenden Sinn zu achten, als gehörten sie einer uns fremden Sprache an, haben wir ein Ganzes vor uns. Denn die Folge der Laute, der Vokale und Konsonanten, ist auf den Faden einer Melodie gereiht, durch Zusammenhalt und Unterbrechung rhythmisch geordnet und zwischen Anheben und Endigen zu einem phonetischen Inbegriff zusammengefaßt. Bildet diese Lautfolge doch ein Ganzes, das zwar durch seinen Sinn in sich gefestigt und zu einem Satz gestaltet wird, das aber, sobald es als Satz auch nur gehört wird, als ein solches Ganzes empfunden werden kann, selbst wenn von seinem Sinn nichts anderes als dessen (die Klangfolge sprachenmelodisch) vereinigende Wirkung verstanden wird. Diese geschlossene Lautgestalt ist der Träger einer Bildgestalt, die ebenfalls gegenüber dem begrifflichen Inhalt selbständig, wenn auch ebenso wie die Lautgestalt von diesem Inhalt durchdrungen und zu einem Ganzen zusammengefügt ist. Die Bildgestalt des vorliegenden Satzes ist nicht starr, sondern beweglich, ein Strömen, das zugleich Schwimmen und ein Schwimmen, das zugleich Strömen ist. Da beide, die Lautgestalt und die Bildgestalt ineinander fließen, wollen wir unsere Aufmerksamkeit zunächst nur der ersten zuwenden.

1. Versuchen wir dies, dann fühlen wir uns dem Einfluß zweier gegensätzlicher Kräfte ausgesetzt. Mit der Steigerung unserer Anstrengung steigert sich auch diese Erfahrung. Auf der einen Seite erscheint die innnerlich vergegenwärtigte Lautgestalt als etwas Fremdes, das, je bewußter wir seine Vergegenwärtigung anstreben, uns um so mehr in sich aufsaugt und uns dadurch unser Selbstgefühl zu rauben droht, oder auch einem Riff gleicht, an dem wir scheitern müssen. Auf der anderen Seite fühlen wir uns an unser eigenes Wesen gefesselt, das in heftiger Selbstbegierde uns den Aufschwung über seine Grenzen hinaus verwehrt, uns in der Enge der eigenen Interessen verharren, ihre Befriedigung verlangen und uns zugleich in ihrer Unersättlichkeit verschmachten läßt. Das Hin- und Hergeworfenwerden zwischen diesen Gegensätzen kann als Prüfung und bittere Selbsterkenntnis erlebt werden.

Dieses Prüfungserlebnis, das im ersten Mysteriendrama als jenes des *Johannes Thomasius* dargestellt wird, kann jedoch in eine beglückende Erfahrung übergehen, wenn wir erkennen, daß es unsere eigene selbstschöpferische Kraft war, die uns zu diesem Erlebnis geführt hat. Durch sie können wir unseres zunächst nur unterbewußt empfundenen Wesens auf neue bewußte Weise inne werden. Eignen doch die Kräfte des Schöpferischen jedem Menschen, wenn auch vielleicht nur in der bescheidensten Weise. Jeder Mensch verfügt über diese Kräfte, weil der Ursprung des Menschlichen der Denkwille ist. In Rudolf *Steiners* »Theosophie« finden sich hierzu die folgenden Sätze: »Der Mensch weiß, daß er seine Aufgabe ... nur dann würdig erfüllt, wenn er sich durch richtige Gedanken, sowohl im Erkennen wie im Handeln leiten läßt«[81]. Das Seelische ist »erst die Grundlage für das Geistige, wie das Leibliche die Grundlage für das Seelische ist«[82]. »Es gibt kein Gefühl und keinen Enthusiasmus, die sich mit den Empfindungen an Wärme, Schönheit und Gehobenheit vergleichen lassen, welche angefacht werden durch die reinen, kristallklaren Gedanken, die sich auf höhere Welten beziehen. Die höchsten Gefühle sind eben nicht diejenigen, die ›von selbst‹ sich einstellen, sondern diejenigen, welche in energischer Gedankenarbeit errungen werden«[83]. »Wer der Kraft des Denkens nicht vertrauen will, der kann sich über höhere geistige Tatsachen ... nicht aufklären«[84]. »Das Denken« ist »die höchste der Fähigkeiten, ... die der Mensch in der Sinnenwelt besitzt»[85]. Gedanken »sind in einer gewissen Beziehung der *erste* Schritt zur eigenen übersinnlichen Anschauung. Denn der Mensch ist ein Gedankenwesen. Und er kann seinen Erkenntnispfad nur finden, wenn er vom Denken ausgeht«[86].

Die Kraft des lebendigen, sprechenden und lauschenden Denkens, das seines Geschehens, seiner eigenen Tätigkeit bewußt ist und seiner selbst nicht erst in seinen abstrakten Ablähmungen, toten Ergebnissen und instrumentalen Erfolgen inne wird, ist es, welche die zerstörende Macht jener polaren Erlebnisse in aufbauende, geistige Lebenskraft zu verwandeln vermag. Denn durch jenes Schöpferische vereint sich der Mensch mit dem ihm zuvor Fremden, ohne daß er sich in diesem verlieren würde. Vielmehr befestigt ihn das erkennende Durchdringen der Welt um so unerschütterlicher in seinem wahren Wesen, je weiter es ihn über dessen subjektive Beschränkung hinausführt. Und damit verwandeln sich auch die Fesseln des selbstischen Begehrens in die Schwingen des Aufschwungs, in das Streben, über die eigene Unvollkommenheit hinauszukommen. Der Mensch, der sich durch seinen Denkwillen in diesem doppelten Sinne als freies Wesen erfühlt, weiß sich, soweit sich

81 A. a. O., 35.
82 A. a. O., 36.
83 A. a. O., 37.
84 A. a. O., 79.
85 A. a. O., 180.
86 A. a. O., 179.

der Umkreis seines schöpferischen Vermögens spannt, gesichert und beginnt, so tief sich die Wurzeln des Schöpferischen in sein Wesen senken, über das eigene Niedrige hinaus dem eigenen Höheren entgegenzublühen. In der elften Szene des ersten Mysteriendramas erfahren wir, wie sich Johannes Thomasius durch das Bestehen jener Gefahren, die er als Zerfließen in der Welt und Erstarren in sich selbst erlebt, die Kräfte der Wesenssicherung und der Wesensbefreiung als ein Verwandelter errungen hat. Aus dem Zerfließen schöpft er die Kraft der Vereinigung, aus dem Erstarren die Kraft des abstandnehmenden Blikkes. So stellt sich uns in ihm das eine der großen Motive aller Wesensbildung, die *Einzigartigkeit*, vor Augen. Diese bekundet sich im Menschen als das freie Individualisieren, dessen Grundlage der universelle Geist bildet, der sich aber in selbständigen Individualitäten durch deren Vermögen darlebt, die Mitte ihres Wesens zwischen Zerfließen und Erstarren zu finden.

2. Gehen wir nun in der seelischen Beobachtung des Meditationsinhaltes einen Schritt weiter. Der in Rede stehende Satz hat neben seiner Laut- und Bildgestalt, die wir zunächst betrachteten, einen Gehalt, der sich enger mit unserem seelischen Erleben verbindet, als dies bei Laut und Bild der Fall ist. Gewiß vermitteln auch Laut und Bild starke seelische Erlebnisse. Jene unterscheiden sich aber zugleich auch von diesen durch den Anteil, welchen sie mit den Erfahrungen unserer Sinne gemeinsam haben. Jetzt aber soll jener Teil des Satzes betrachtet werden, der sich mit unserem Denken, Fühlen und Wollen unmittelbar verbindet. Diesen Teil des ganzen Satzgebildes wollen wir seinen seelischen Gehalt nennen. In unserem Alltagsleben fließen unsere Seelenkräfte ohne unsere bewußte Kontrolle, oft ohne daß wir es bemerken, ineinander. Sie vermischen sich oft genug zu einem eintönigen Grau, das alle anderen Farbnuancen, die sich geltend machen wollen, mit mißfarbener Tönung überzieht. In dieser seelischen Tönung treten unsere Vorurteile, Sympathien und Antipathien sowie Absichten als rechte Tragelaphe aus Vorstellungen, Emotionen und Begierden auf. Diese bald mehr zentaurische, bald mehr minotaurische Bevölkerung der menschlichen Innenwelt verleiht aber ihren Beherbergern die Sicherheit des alltäglichen Lebensgefühls, jenen instinktiven Betätigungsschwung, der zuweilen mit Schöpfertum verwechselt werden mag, sowie die eiserne Stirn, die sich weigert,

dem Ungewohnten Bedeutung beizumessen. Wenden wir aber in kontrollierendem Denkwillen unseren Denkblick dem seelischen Gehalt des betrachteten Satzes zu, dann löst sich das gewohnte Seelengemisch auf. Mit dem Weichen seiner Alltagsgestalten verläßt uns aber auch das Beheimatungsgefühl in unserer inneren und äußeren Welt. Denn für jede unserer Seelenkräfte werden nunmehr die Inhalte, denen sie sich zuwenden, selbständige Ganzheiten, mit denen sie verschmelzen. Und daran knüpfen sich weitere Erlebnisse. Im Mysteriendrama Rudolf *Steiners* werden die hierher gehörigen Erfahrungen als das Prüfungserlebnis des *Capesius* dargestellt.

Wir wollen diese Erfahrungen anhand unseres Beispiels ein wenig genauer beobachten. Wir können uns den seelischen Gehalt eines Satzes, ebenso wie seinen Laut- und Bildgehalt nur durch innere Betätigung, durch kontrollierten, sich selbst erweckenden Willen bewußt machen. Die seelische Gestalt, die wir auf diese Weise vor unseren inneren Blick rufen, zeigt sich zunächst als eine *Willens*gestalt. Denn nur durch einen Willensakt können wir in den seelischen Gehalt eines Satzes eindringen, ihn aufbauen und uns vergegenwärtigen. Dieser Willensanteil des seelischen Satzgehaltes ist zwar mit dessen Gefühls- und Begriffsanteil verbunden. Er stellt sich diesen anderen Anteilen aber dennoch, wenn wir ihn bewußt beobachten, in weitgehender Selbständigkeit als eine in sich geschlossene Gestalt gegenüber. Hierüber gibt uns unsere Beobachtung unmißverständlichen Aufschluß. Denn es sind nicht einzelne Willensstöße, welche die Bedeutungs- und Gefühlsanteile der sich folgenden Worte nacheinander hervortreiben und nebeneinander stellen. So würde nie ein ganzheitliches Satzgebilde entstehen, sondern nur eine Ansammlung von Worten, deren Zusammenhang, auch wenn die Bedeutungen der einzelnen Worte erfaßt würden, unverständlich bliebe. Vielmehr gehört überall, wo eine solche Sinngestalt, wie es ein Satz ist, in unserem Bewußtsein auftritt, zu ihr ein Willensanteil, der selbst eine begrifflich verwirklichte Ordnung, also eine Gestalt besitzt. Für die ihr zugewendete Beobachtung stellt sich diese Gestalt in ihrer Selbständigkeit dar. Denn sie ist nicht etwas Zusammengesetztes, sondern ein prozessuelles Ganzes, das sich zwar in Teilakte gliedert, diese aber einheitlich und einheitgebend durchdringt. In solchen geschlossenen Gebilden löst sich unser Wille von uns selbst ab, erscheint er in selbständigen Gestalten, als ob er nicht mehr aus uns hervorginge, sondern auf uns zurückkäme und an uns heranträte. Der Willensanteil, den wir beim Nachvollziehen eines formulierten Satzes oder bei eigenem unmittelbarem Formulieren entwickeln, erhält also für unsere Beobachtung Selbständigkeit, weil er eine eigene Gestalt besitzt und durch diese nicht mit uns, sondern mit dem Objekt (dem Satze) verbunden ist.

Entsprechendes gilt für unser *Fühlen*. Es emanzipiert sich in ähnlicher Weise, und zwar nicht nur vom Wollen und Denken, sondern damit wiederum auch von unserer subjektiven Persönlichkeit. Wiederum scheint eine Umkehr des Gewohnten einzutreten, denn das Fühlen, welches sich durch die Vereinigung mit einem Objekt verselbständigt, scheint sich auf uns zu beziehen, anstatt daß wir mit seiner Hilfe das Objekt auf uns bezögen. Der Grund hierfür liegt darin, daß sich auch das Fühlen (ebenso wie das Wollen) zu einer selbständigen Gestalt zusammenschließt. Denn auch der Gefühlsgehalt eines Satzes setzt sich nicht aus den einzelnen Gefühlstönen der Wortbedeutungen zusammen, sondern ist eine Einheit, die ihren lebendigen Hauch den Wortbedeutungen einflößt, mit denen sie sich verbindet. Der Satz, mit dessen innerer Vergegenwärtigung wir uns beschäftigen, verkoppelt seinen Sinn nicht mit einem Gefühlsgemisch, das sich an einzelne Worte anheftet, sondern ist von einem Gesamtgefühl durchzogen. Freilich mögen subjektive Begleitgefühle den objektiven Gefühlsgehalt eines Satzes solange noch färben und stören, als die Konzentration auf das objektiv Gegebene unvollkommen ist. Sobald der Satz aber den ganzen Raum des Bewußtseins, unbeeinflußt von anderen Bewußtseinsinhalten, einnimmt, tritt jene Verselbständigung der Seelenkräfte ein, durch die sie, anstatt von uns auszugehen, zu Boten des an uns Herankommenden werden. Daher scheint in der Konzentration auch unser Fühlen, ebenso wie unser Wille nicht mehr unserem eigenen Seelenleben zu entstammen, sondern den Dingen (hier dem Satze) anzugehören und uns aus diesen entgegenzukommen.

Wir haben das gleiche schließlich auch im Falle des *Denkens* zu beobachten. Auch dieses stellt sich als ein selbständiges Ganzes, als geschlossene Gestalt und damit als ein von uns selbst Losgelöstes dar. Der Sinn des Satzes ist ebenso wie sein Willens- und Gefühlsgehalt ein einheitlicher. Er setzt sich nicht aus den Begriffen und Vorstellungen, die durch einzelne Worte und Wortverbindungen repräsentiert werden, mosaikartig zusammen. Vielmehr sind die einzelnen Worte als Bedeutungs-

und Beziehungsträger den gefrorenen Schollen vergleichbar, die auf der flüssigen Substanz schwimmen, aus der sie bestehen und die sich in ihnen in einem anderen Zustand darstellt. Das »Ich«, mit dem der Satz beginnt, enthält schon das »Empfinden«, »Denken«, »Einssein« und den »Strom des Weltgeschehens«, denn nur dadurch ist es das »Ich« dieses bestimmten Satzes. Und das gleiche Einschließungsverhältnis gilt für die übrigen Vorstellungen, Begriffe und Beziehungen, welche der Satz enthält. Man denkt in jeder dieser Einzelheiten alle anderen unter einem jeweils neuen Gesichtspunkt mit, sie umschließen sich wechselseitig. Die melodische und rhythmische Einheit des Satzes gibt von der gleichen Tatsache auf anderer Ebene dadurch Zeugnis, daß uns jedes der einzelnen Wortelemente die ganze Satzmelodie und die ganze rhythmische Lautfolge empfinden läßt, der es angehört. Dies wird bei der Melodie eines Liedes noch stärker empfunden, doch handelt es sich dabei um die gleiche Tatsache. Auch bei dem begrifflichen Gehalt eines Satzes tritt also wiederum eine selbständige Gestalt in Erscheinung, die von uns als gegliederte Ganzheit bewußt und ideenmelodisch vernommen wird.

Diese Verselbständigung unserer Seelenkräfte in der Konzentration ist keine gleichgültige Merkwürdigkeit. Sie kann uns vielmehr die Einsicht bringen, daß der vermeintliche subjektive Besitz unserer Seelenkräfte, der die Grundlage unseres Alltagsbehagens bildet, auf einer Vermischung und Verzerrung ihrer Eigentümlichkeiten beruht und ihnen damit eine Beschaffenheit aufdrängt, die ihrem wahren Wesen unangemessen ist. Jener vermeintliche Besitz enthüllt sich als ein trügerischer. Wir sind nicht, was wir auf Grund des gewohnten Gebrauchs oder vielmehr Mißbrauchs unserer Seelenkräfte zu sein glauben. Vielmehr sind unsere Seelenkräfte Formen der Vereinigung mit dem Wirklichen. Als solche Vereinigungsformen haben sie ihrem Wesen nach die Aufgabe, uns das von uns unabhängige Objektive vor Augen zu stellen und uns nicht hinter dem Gehege unserer Subjektivität von der Welt abzuschirmen. Wir können uns bei diesem Versuch zwar unserer Seelenkräfte bedienen, müssen aber notwendig mit ihnen in einen Konflikt geraten, weil wir ihnen etwas aufnötigen und abverlangen, das im Widerspruch zu ihrem wahren Wesen steht. Auch diese Erfahrung kann zu einer prüfungshaften Erschütterung werden. Aber auch sie löst sich in ein beglückendes Empfinden auf, wenn wir erkennen, daß jener Verkehrungs- und Vermischungszustand unserer Seelenkräfte, in welchem wir, in Täuschung über uns selbst befangen, uns selbst zu besitzen glauben, uns vielmehr unseres wahren Selbstes beraubt, anstatt es uns zu verleihen. Denn gerade jener täuschende und sehr ungewisse »Besitz« unserer Seelenkräfte macht diese von vielen Einflüssen abhängig, die sich unserer Kontrolle entziehen, die uns daher beherrschen, anstatt uns unserer Selbstbestimmung zu vergewissern. Gerade dort sind wir also am abhängigsten und am meisten von dem Verlust unserer Selbstheit bedroht, wo wir Herren über ein Eigentum zu sein glauben, das uns in dieser Form nicht gehört. Dagegen können wir uns gerade dann frei und unserer selbst mächtig fühlen, wenn wir unser Selbst als das begrifflich durchsichtige, aus Denktätigkeit gebildete Gefäß empfinden, das von unseren verselbständigten Seelenkräften mit dem Inhalte ihres freien Zusammenspiels gefüllt wird. Sie sind die wahren Freunde unseres Selbstes, wenn sie in ständig gewandelter Verschmelzung mit den Welterscheinungen als deren Boten an uns herantreten. Die drachenhafte Selbstsucht, die den Besitz der Seelenkräfte in unserem persönlichen Interesse an sich zu reißen trachtet, täuscht uns dagegen auf die trügerischeste Weise, indem sie uns der Wesensleere überantworten würde, wenn ihr der Raub unseres wahren Wesens gelänge[87].

Die Verselbständigung der Seelenkräfte des Denkens, Fühlens und Wollens ist im Mysteriendrama das Erlebnis des Capesius. Sie stellt sich in ihm repräsentativ dar, wenn sie auch (ebenso wie die Erlebnisse Johannes Thomasius' und Straders) für jeden gültig ist, der den Weg der seelischen Beobachtung und damit der höheren Entwicklung seines Seelenlebens geht. In dem Erlebnis des Capesius tritt uns ein weiteres der großen Motive aller Wesensbildung, die *Formenvielfalt*, vor Augen. Die Formenvielfalt unseres Seelenlebens entwickelt sich erst dann in dem Reichtum, dessen sie fähig ist, wenn unsere Seelenkräfte sich aus der Enge des Rückbezugs auf uns selbst und ihrer gegenseitigen Verknäuelung lösen. Dann erst können sie im freien Verkehr mit den Welterscheinungen und der erlebend-erkennenden Vereinigung mit ihnen uns die mannigfaltige Inhaltfülle echter Lebenserfahrung schenken.

87 Vgl. Rudolf *Steiner*, Die Prüfung der Seele, 5. Bild, Das Märchen vom Quellenwunder.

3. An diese beiden seelischen Beobachtungen, die der Lautgestalt und dem seelischen Gehalt des Satzes gelten, soll sich zuletzt noch eine dritte anschließen. Wenn wir uns jenen Satz, den wir als Beispiel wählten, in innerer Tätigkeit vergegenwärtigen, dann kann sich unsere Beobachtung nicht nur seiner Lautgestalt und seinem seelischen Gehalt, sondern auch noch dem Bewegungserlebnis zuwenden, in welchem unser eigenes geistiges Wesen mit dem Geistigen des ihm Begegnenden (des Satzes) zusammengeführt wird. In unseren verselbständigten Seelenkräften, unserem Denken, Fühlen und Wollen, lebt unser geistiges Wesen. Durch ihre Verselbständigung werden sie zu Tätigkeitsweisen der Vereinigung, zunächst mit dem beweglich-lebendigen Denken, dann durch dieses mit den Welterscheinungen. Denn in unserer Vereinigung mit den Denkinhalten, in welche unsere Denkakte übergehen, lebt unser Selbstgefühl als der Pendelschlag zwischen Vereinigung und Verselbständigung, zwischen Akt und Blick sowie unser Selbstwille als die Bewußtseinshelligkeit, die in ständiger Wachheit des Begegnenden wie unseres eigenen Begegnens inne ist. Derart entwickelt sich in dem gestützten und geführten Individualisieren nicht nur der Reichtum unserer Lebenserfahrung als Welt- und Selbsterfahrung, sondern steht dessen Inhalt auch ständig vor unserem Blick in sich mehrender Deutlichkeit und Bedeutung. So auch stellt sich unserer seelischen Beobachtung die Begegnung unseres eigenen Geistes mit dem geistigen Gehalte des meditierten Satzes vor Augen.

Wir werden in dieser Begegnung als einem speziellen Beispiel gewahr, wie sich von unserem durch den Meditationsinhalt gestützten und geführten Individualisieren, entsprechend dem hier Dargestellten, das freie Individualisieren als die eigentliche Fähigkeitsbildung und der eigentliche Fähigkeitsgewinn und damit als der eigentlich geistige Gehalt unserer Bewußtseinserfahrung loslöst. Denn jeder Vorgang der Verwirklichung ist ein Übungsmittel, unsere freie Kraft des Schöpfens aus der Fülle geistiger Gestaltungsmöglichkeiten zu erkräftigen. Wir werden durch die Meditation nicht abhängiger, sondern freier, unseres individuellen Wesens bewußter und geschickter in der Entfaltung seiner schöpferischen Möglichkeiten. Diese Erfahrung ist zugleich (wie hier ebenfalls dargestellt wurde) eine solche der Begegnung dessen in unserem eigenen Wesen, das nicht stofflichen Keimanlagen entstammen kann, mit jenem in dem Gebilde, welchem wir uns zuwenden, das uns nicht wie ein

Unbegrifflich-Wahrnehmliches ohne unser Zutun und ohne Zusammenhang entgegentreten kann. Es ist die Begegnung unseres eigenen Schöpferischen mit dem Schicksalhaften in einem Gebilde der Welt. In dieser Begegnung wird erfahren, wie einerseits die Welt aus dem Grundentwurf der Menschlichkeit in logischen Aufbaustufen sich der Wesensgestalt des Menschen entgegenentwickelt – und wie anderseits der Mensch als ein Verwirklicher seines Schicksals aus der Schule der Lebenserfahrung als ein freier Schöpfer seiner eigenen Menschlichkeit hervorgeht. Mit dieser Beobachtung verbindet sich die weitere, daß die Entwicklung unserer individuellen Fähigkeiten nicht im Nichts beginnt, sondern von einem bereits vorgeformten Fähigkeitsbestand ausgeht. Da diese Vorprägung durch Individualität erworbener Fähigkeiten nur im Zusammenhang mit einer Leiblichkeit und zugleich durch deren Zurückdrängung und Umgestaltung entstanden sein kann, bildet sie (im Zusammenhang mit den anderen hierher gehörigen Beobachtungen) den strengen Beweis für die Wiederholung der Verkörperungen des menschlichen Geistes. In diesem strengen Beweise als lebendiger Geisterfahrung gipfelt jede Meditation, er ergibt sich als das Wesen des Fähigkeitsgewinns, den wir im Meditieren des hier als Beispiel angeführten Satzes erlangen.

Dieser strenge Beweis ist der Beweis Straders, mit welchem sich sein Zusammenbruch verbindet. Denn gerade der strenge Beweis der schicksalhaften Wiederholung unserer Lebensläufe vergegenwärtigt uns zugleich die Ohnmacht unseres Erkenntnisvermögens eben in jenem Augenblicke, der es auf die Höhe seiner naturwissenschaftlich geschulten Einsicht führt. Entzieht sich doch das Schicksalwirken und der sich in biographischen Metamorphosen offenbarende individuelle Hintergrund unserer Lebensläufe zunächst unserem wissenschaftlichen Bemühen. Dies ist die schwere Prüfung, in welche Strader durch seine Erkenntniskraft und -redlichkeit geführt wird.

Diese Erfahrung über das Wesen der Fähigkeitsbildung, -bindung und -befreiung tritt (im Sinne des hier Ausgeführten) der seelischen Beobachtung des eigenen inneren Zustandes in jeder Meditation vor Augen. Denn jede Meditation führt uns über das Einzigartigkeitserlebnis unseres Wesens und die Verselbständigung unserer Seelenkräfte zu echter Fortschrittserfahrung. Diese *Fortschrittserfahrung* entspringt der Einsicht in unser Fähigkeitswesen, das sich vor dem Hintergrund wiederholter Lebensläufe abhebt. So geht der Weg jeder Meditation durch die Krisen, welche das Erleben der eigenen individuellen *Einzigartigkeit* zum Ringen um die schöpferische Mitte zwischen Zerfließen und Erstarren – das Erlebnis der *Erfahrungsfülle* zur Überwindung der subjektiven Verengung und Verknäuelung unserer Seelenkräfte –, das Erlebnis des *Entwicklungsfortschritts* zum tragischen Innewerden der Wiederverkörperung macht.

Straders Glückserlebnis

Als ein Repräsentant des dritten und größten Motivs aller Wesensbildung, des *Fortschritts*, stellt sich uns Strader zunächst als tragische Gestalt dar. Aber auch seine Erschütterung verwandelt sich in ein beglückendes Erlebnis. Auch das Glückserlebnis Straders, den entscheidenden Fortschritt in seiner Entwicklung, hat Rudolf Steiner im Mysteriendrama geschildert. Die Vermählung und das Zusammenleben mit *Theodora* ist für Strader dieses entscheidende Ereignis. Erst durch dieses Erlebnis wird ihm (wie hier bereits angedeutet wurde) der *Sinn* der wiederholten Verkörperungen des menschlichen Geistes bewußt. Bleibt doch alles Vermuten und Reden über diesen Sinn nichtig und enthüllt es sich doch vor der Ehrlichkeit Straders in seiner tieferen Unwahrhaftigkeit, solange es nicht durch Schauen mit Inhalt erfüllt wird.

Dies ist der Grund der Erschütterung, die Strader durchwühlt. In der Begegnung und Vereinigung mit Theodora wird ihm aber der Wesenstausch, der jedem Erkenntniserlebnis zugrunde liegt, zu jener lösenden und erlösenden Lebenserfahrung, deren er als Aristoteliker und moderner Naturwissenschaftler bedarf. Das Erlebnis des Wesenstausches in der erwachenden Menschenbegegnung führt uns zu einer neuen Erfahrung des eigenen Wesens. Im Wesenstausch nimmt unser eigenes Wesen andere Wesensformen an und gewinnt dadurch ein gesteigertes Innesein seiner selbst. Dieses gesteigerte Innesein ist das Erahnen des eigenen Wesenskernes, der sich in vielen biographischen Metamorphosen zu offenbaren vermag. In der schicksalhaften Begegnung wird dieses höchste Wissensziel zum Lebensinhalt. Dadurch aber verbreitet das Erahnen des eigenen höheren Wesens im Erwachen am anderen Menschen auch sein versöhnendes Licht auf das Schicksalsrätsel.

Der Gang der hier angedeuteten seelischen Beobachtung mag zeigen, daß jede Meditation bis zu der Erkenntnis Straders über die wiederholten Erdenleben und zu der Erschütterung, die sich an diese anschließen muß, führt, daß sie aber auch durch diese Erschütterung hindurchführt, indem sie die Vorbereitung des Erwachens am anderen Menschen bildet. Jede Meditation führt uns durch die Erlebnisse hindurch, denen Rudolf Steiner in seinen Mysteriendramen künstlerische Gestalt gegeben hat. Diese erscheinen daher als die Entfaltung des geistigen Samens, den jede Meditation darstellt.

Die Gestalt Straders ist ein großes Zeugnis für die dichterische Schöpferkraft Rudolf Steiners. Die edle Menschlichkeit dieser Gestalt ragt hoch empor über die Oberflächlichkeit, Unwahrhaftigkeit und Erlebnisschwäche des heutigen Alltagsbewußtseins. Straders strenger Beweis gründet sich auf die menschliche Fähigkeit des freien Individualisierens. Diese Fähigkeit ist gleichbedeutend mit der menschlichen Schöpferkraft. Schöpferisch ist der Mensch, weil einerseits sein eigenes Geistwesen mit dem geistigen Weltengrund solange in unerschütterlicher Festigkeit verbunden ist, als er es nicht selbst verrät. Schöpferisch ist der Mensch, weil er anderseits aus der Unerschöpflichkeit der wesenhaft geistigen Welt immer neue Wirklichkeitsbildekraft in seinem Erkennen und Handeln emporquellen lassen kann. Daher ist er nicht ein unselbständiges Glied dieser geistigen Welt, vielmehr bildet er sie fort, gibt er ihr in seinem Wesen neue Gestalt: er ist frei. Er erübt sein Schöpfertum durch die Verbindung mit einer Leibesorganisation, welche die Grundlage seiner Individualisierung bildet, durch die Zurückdrängung und Verwandlung dieser Organisation. In dieser Verbindung und Auseinandersetzung mit einer Leibesorganisation entwickelt er die Fähigkeit des gestützten Individualisierens und dessen Weiterbildung zu der eigentlich menschlichen Fähigkeit des freien Individualisierens. Durch dieses wird er zum planenden Erfinder, künstlerischen Gestalter und sozialen Schöpfer einer neuen Welt. Die Vorprägung seiner Schöpferkraft, die sich in der geistigen Physiognomie seiner Individualität bekundet, mit welcher er bereits seinen Lebensweg beginnt, ist der Beweis, welcher die Wiederverkörperung seines Geistes, dessen Unsterblichkeit und Geborgenheit in einem menschenbildenden Schicksal verbürgt. Die aus Schmerz errungene Klarheit dieses Beweises ist von der Milde der Schicksalsgewißheit, welche im Erwachen an der Menschenbegegnung gewonnen wird, überleuchtet. Straders Beweis ist der Beweis von der Unauslöschlichkeit des Menschengeistes.

Straders strenger Beweis besitzt die Kraft, welche den Wissenschaftsaberglauben unserer Zeit verscheucht[88].

88 Albert *Steffen*, Gegenwartsaufgaben der Menschheit, 50f.: »... an die Mysteriendramen ließe sich, vom Besonderen zum Allgemeinen vorrükkend, anknüpfen, um auf künstlerische und wissenschaftliche Weise zugleich über Geistgestalten und Seelenvorgänge, über das Leben zwischen dem Tod und einer neuen Geburt, über die Gesetzmäßigkeiten von Karma und Reinkarnation, über die Herzenssprache mit den Gestorbenen, über die kosmischen Intelligenzen und die Ordnung des Schicksals, über Probleme der Technik und der Pädagogik, Dramaturgie und Bühnenkunst und viel anderes noch bisher Ungesagtes zu vermitteln. ›Und wie vieles könnte erst geschrieben werden, wenn alles herausgeholt würde, was in den vier Mysteriendramen enthalten ist!‹, sagt Rudolf Steiner selbst.« Der hier vorliegende Beitrag ist ein Versuch, in der mit diesen Worten angedeuteten Weise Anregungen zu vermitteln.

Nachwort 1984

Den Text der ersten Auflage dieses Buches, das unverändert neu erscheint, schloß der Verfasser im Jahre 1974 ab. Seitdem hat die wissenschaftliche Forschung eine große Zahl neuer Entdeckungen und Erklärungsversuche vorgelegt. Der Eindruck, den die auseinanderstrebenden Forschungsrichtungen hinterlassen, ist keineswegs nur Fortschritt, sondern auch Unsicherheit. »Angesichts der stürmischen Entwicklung der experimentellen und der theoretischen Neurologie seit den letzten Jahren wäre es ... unzweckmäßig, wenn wir auf die Darstellung der Gehirnvorgänge im Zusammenhang mit Selbstorganisation ähnlich viel Raum verwenden würden wie auf die molekularen und stammesgeschichtlichen Vorgänge: Das Kapitel müßte rasch wieder umgeschrieben werden« (*Thomas T. Ballmeyr* und *Ernst v. Weizsäcker*, Biogenese und Selbstorganisation, Offene Systeme I, 1973, 263). »Wir gehen einer neuen Synthese entgegen, ... in der die abendländische Tradition, die das Experiment und die quantitative Formulierung betont, sich mit der chinesischen Tradition verknüpft, in deren Mittelpunkt die Auffassung von einer spontan sich selbstorganisierenden Welt steht« (*J. Prigogine, J. Stengers*, Dialog mit der Natur, 1983, 29).

In den vorausgehenden Ausführungen wurde die geisteswissenschaftliche Welterfassung mit der heute noch weithin herrschenden materialistischen Wissensrichtung konfrontiert.* Seitdem wurde aber auch wieder häufiger die Eigenständigkeit des biologischen Bereichs in Betracht gezogen. »Die Organisation von Einzelelementen (biologischer Wirkensgefüge) zu einer ... Gesamtheit läßt sich nicht mehr nur auf die Kategorien Kraft und Stoff zurückführen, sondern sie ist selbst eine unabhängige Größe, die man durch das Maß und die Art der Ordnung (oder negative Entropie) ausdrückt« (*Rensing, Hardeland, Runge, Galling*, Allgemeine Biologie, 1975, 10). *E. Jantsch* scheut sich nicht, von der Wirksamkeit des Geistes in den Welterscheinungen zu sprechen: »Wir stehen am Beginn einer neuen großen Synthese. Nicht die Entsprechung statischer Strukturen ist ihr Inhalt, sondern der Zusammenhang von Selbstorganisations-Dynamik-von-Geist auf allen Ebenen. (Die Selbstorganisation des Universum, 1984, 411 f.) »Gott ist ... nicht absolut, sondern er evoliert selbst – er *ist* Evolution. Da wir aber die Selbstorganisations-Dynamik jedes Systems seinen Geist ge-

* Vgl. das Kapitel »Eine vom biologischen Dogma abweichende Auffassung«.

nannt haben, können wir nur sagen, Gott sei zwar nicht der Schöpfer, wohl aber der Geist des Universum«.

Die Idee der Selbstorganisation hat seit den Arbeiten von *v. Bertalanffy, Glansdorff* und *Prigogine* großes Aufsehen erregt. »In einer Natur, die Verzweigungen aufweist ... unbedeutende Schwankungen sich über das ganze System ausbreiten und neue Funktionen, ein neues Gesamtverhalten begründen« (*Prigogine*, a. a. O., 282). »Was können wir von der Welt sagen, die den gegenwärtigen Wandel der Wissenschaft hervorgebracht hat? Es handelt sich um eine Welt, die wir als eine natürliche verstehen können, sobald wir verstehen, daß wir ein Teil von ihr sind, eine Welt, aus der sich jedoch die alten Gewißheiten verflüchtigt haben« (a. a. O., 294).

Bei *Prigogine* scheint die Vorstellung einer Selbstorganisation eine nicht nur mechanistische Deutung zuzulassen. Bei *M. Eigen* und *R. Winkler*: »Das Spiel. Naturgesetze steuern den Zufall«, 1983, tritt dagegen jene Vorstellung in eindeutig mechanistischer Wendung auf. Ebenso äußert sich *Eigen* in seiner Vorrede zur deutschen Ausgabe von *J. Monod*: »Zufall und Notwendigkeit«, 1971: »So sehr die *individuelle* Form ihren Ursprung dem Zufall verdankt, so sehr ist der Prozeß der *Auslese* und *Evolution unabwendbare Notwendigkeit*. ... Damit verschwindet die tiefe Zäsur zwischen der unbelebten Welt und der Biosphäre, der Philosophie, Weltanschauung und Religion soviel Bedeutung zugemessen haben.«

Während die vorausgehenden Zitate erkennen lassen, daß starke Impulse einer Veränderung in das starre Gefüge der materialistischen Wissenschaft einzudringen beginnen, fehlt es doch keineswegs an deren herkömmlicher dogmatischer Vertretung. Durch Mutation und *genetische Rekombination* entstehen Organismen mit neuen Eigenschaften. Hier greift die *Selektion* an und führt zur *Evolution*. Dies ist der Sinngedanke von *Charles Darwins* genialer Idee der Zuchtwahl. *M. Eigen* gelang es, deren Prinzip (in Anwendung auf selbstorganisationsfähige Biomoleküle) auf neuer physikalischer Grundlage zu deuten. Für phantastische Ideen von *Ganzheit* (Holismus) oder einer *Zielsetzung* der Evolution ist daneben kein Platz (*A. Unsöld*, Evolution kosmischer, biologischer und geistiger Strukturen, 1983, 90). »Seele ist beim aperiodischen Quasikristall »Mensch« genau die neue zusätzliche Qualität, welche durch die 3 mm Novokortex nebst dem hoch differenzierten peripheren Nervo-Muskelsystem zustande kommt und beim Kristall auf chemischer und zwischenmolekularer Ebene noch nicht vorliegt« (A. Schaltegger, Theorie der Lebenserscheinungen, 276f.). »Die Biopolymere sind so ungeheuer komplizierte Gebilde, daß ihre zufällige Entstehung und Anreicherung »astromisch unwahrscheinlich« war. Glücklicherweise kam ... der Amerikaner Stanley Miller ... auf den Einfall, dem Problem in ganz anderer Weise zu Leibe zu rücken. ... Er versuchte, im Labor die Uratmosphäre und die in ihr ablaufenden Prozesse zu kopieren. Zu diesem Zweck mischte er Methan und Ammoniak auf gut Glück mit Wasser, verschloß alles in einem Glaskolben und schloß eine Hochspannungsleitung ... an. Die dadurch bewirkte Funkenentladung ... sollte die Gewitterblitze in der Uratmosphäre imitieren.« Entgegen der Erwartung, die »zufällige« Kombinationen voraussetzt und daher ein mehrere hundert Millionen Jahre andauerndes Bombardement der Erdatmosphäre mit ultravioletten Strahlen und elektrischen Entladungen bis zur Entstehung komplexer Verbindungen von der Art der Lebensbausteine annehmen muß, trat der erhoffte Erfolg ein. »Neben zahlreichen komplexen Verbindungen hatten sich sogar drei der wichtigsten Aminosäuren gebildet. (*W. Stegmüller*, Hauptströmungen der Gegenwartsphilosophie II, 1979, 608f.) Damit schien eine kontinuierliche materielle Entwicklung von der abiotischen zur biotischen Sphäre nachgewiesen zu sein. Geht man jedoch nicht von unbewiesenen materialistischen Voraussetzungen aus, gelangt man zu einem anderen Resultat. Führt doch die voraussetzungslos angewandte naturwissenschaftliche Methode zu der Einsicht, daß die biologische Seinsstufe ein immaterieller, im Materiellen nur zum Ausdruck kommender Bereich ist. Daher ist es möglich, daß die biologischen Bildekräfte dort gestaltend eingreifen, wo im Materiellen entsprechende Bedingungen entstehen. Mäuse entstehen nicht in der Falle, mit der sie gefangen werden. Die »Erklärung« der Tatsachen durch den »Zufall« ist der Verzicht auf Wissenschaftlichkeit. Die Deutung des angeführten »Beweises« wird (wie in vielen ähnlichen Fällen) durch sein vorgedachtes Resultat bestimmt. Was man seit einiger Zeit als »Selbstorganisation« bezeichnet, ist wohl ebenfalls unter dem hier angedeuteten Gesichtspunkt zu beurteilen, demgemäß im Materiellen Bedingungen hergestellt werden oder entstehen können, welche das Eingreifen biologischer Organisationswirkungen ermöglichen.

Obwohl die angeführten Zitate nur eine kleine Auswahl aus einer weit größeren Anzahl verwandter darstellen, sind sie dennoch geeignet, einen Einblick in den heutigen Zustand der Wissenschaft zu vermitteln. Diese hält einerseits in zahlreichen ihrer Vertreter an der materialistisch-physikalischen Deutung der Tatsachen fest. Anderseits wird sie von dem gewaltigen Veränderungsgeschehen ergriffen, welches die ganze heutige Zivilisation durchzieht. Gleichviel aber, ob die ältere Unduldsamkeit überwiegt oder sich neuerdings vorsichtigere Duldsamkeit verbreitet, *ein* Merkmal ist den auseinanderstrebenden Richtungen gemeinsam. Da diese Schrift sich mit dieser Eigenart der ganzen Wissenschaft unserer Zeit einigermaßen ausführlich beschäftigt, wurde sie vom Fortschritt der Forschung nicht überholt. Das erwähnte Merkmal ist die ganz allgemeine Versäumnis, dem wissenschaftlichen Verfahren den Gewinn eines voraussetzungslosen Ausgangspunktes vorangehen zu lassen. Wird doch (selbst in wissenschaftstheoretischen Texten) das Erkennen als Darstellungsmittel angewandt, also stets schon vorausgesetzt, ehe es in seiner Eigenart untersucht und begründet wurde. Dieses Unterlassen führt zu der rastlosen Tatsachen-

Jagd nach dem immer Kleineren oder Größeren und dem immer neu ansetzenden Versuch der Zusammenstellung. Dabei wird übersehen, daß mit der Feststellung, daß bestimmte Elemente oder Prozesse nur unter dem Einfluß oder Einbezug anderer Elemente oder Prozesse zusammentreten, nichts über den Zusammenhang selbst (als dessen Träger oder Veranlasser sie betrachtet werden) ausgesagt ist. Hierauf im Anschluß an die Geisteswissenschaft *Rudolf Steiner*s mit Nachdruck hinzuweisen, nimmt diese Schrift für sich in Anspruch.

Das folgende Beispiel mag dies zunächst verdeutlichen. In der »Neuen Zürcher Zeitung« wurde kürzlich unter dem Titel »Fortschritt in der Erkenntnis des Erkennens« von einem Kongreß der Schweizerischen Naturforschenden Gesellschaft über Gehirn und Verhalten berichtet. In diesem Zusammenhang wurde u. a. Fortschritte der Zellphysiologie erwähnt, die zu dem Nachweis führen, daß ein Gehirn nicht mit einem »festverdrahteten Computer« verglichen werden kann. Baut es sich doch ständig um. So bilden die Kanarienvögel in der Brunstzeit zusätzliche Zellen in ihren Singzentren und verändern sie ihre Gesänge von Jahr zu Jahr. Der Glaube, mit den instrumentellen Eingriffen in das Gehirn der Tiere etwas über das menschliche Erkennen ermitteln zu können, läßt nicht nur die Frage außer acht, ob menschliches und tierisches »Erkennen« als gleichartig betrachtet werden dürfe. Vor allem liegt aber hier auch der methodische Grundfehler vor, über das Erkennen durch Tatsachen und Vorgänge etwas erfahren zu wollen, die erkannt sein müssen, also das Erkennen voraussetzen. Es ist offenbar widersinnig, solche Mittel zur Erklärung zu benutzen, die selbst durch das zu Erklärende erklärt werden müssen.

Das Erkennen ist der Grundvorgang, der nicht nur ein wissenschaftliches Unternehmen stets erst ermöglicht, sondern sogar (mehr oder minder bewußt) das Bewußtsein überhaupt trägt, hinter den wir daher nicht zurückgelangen können. An die Beschaffenheit des Erkennens, mit der sich diese Schrift beschäftigt hat, sei hier nochmals erinnert. Als Erkennen kann nur das wissende Gewinnen von Zusammenhängen bezeichnet werden. Dabei wird in der Perspektive des jeweiligen Erkenntnisansatzes Vereinzeltes verbunden. Bei den Naturerscheinungen sind es unsere Sinne, durch die sich uns unmittelbar oder durch die Vermittlung von Instrumenten das in ihrem Bereich Wahrnehmliche zeigt. Kein Sinnlich-Einzelnes zeigt sich durch sich selbst mit anderem Sinnlich-Einzelnen verbunden. Es zeigt sich uns ohne unser Zutun und ohne Zusammenhang. Die Zusammenhänge der Einzelheiten bilden stets unsere Begriffe. Diese fügen wir (meist unterbewußt) zu den Einzelheiten hinzu. Sie treten nur durch unsere eigene bewußte oder unterbewußte Tätigkeit in unser Bewußtsein ein, erscheinen in diesem aber dennoch als sich selbst bestimmende Zusammenhänge. Wahrnehmlich-Einzelnes als ohne unser Zutun Auftretendes und Zusammenhangloses einerseits und Begrifflich-Allgemeines, doch sich dem Einzelnen individuell Anpassendes als nur durch unser Zutun Auftretendes und durch sich selbst Zusammenhängendes anderseits stehen also in ausschließen dem Gegensatz zueinander.

Beide Elemente bilden aber erst wirkliche Dinge und Wesen, gestalten erst in ihrer Vereinigung die volle Wirklichkeit. Wir sind aber so geartet, daß die volle Wirklichkeit für uns zunächst in gesonderten Einzelheiten und Zusammenhängen für uns auftritt. Die wahrnehmlichen Einzelheiten vermittelt uns unser Organismus mit Hilfe seiner Sinne. Die begrifflichen Zusammenhänge gewinnen wir mit Hilfe unserer Denkaktivität. Was unser Organismus so trennt, daß sich Einzelheiten und Zusammenhänge zunächst als Hälften der Wirklichkeit gegenüberstehen, das vereinigt unser Erkennen zur vollen Wirklichkeit.

Da aber die beiden Funktionen, die hierbei auftreten, die wahrnehmend leibliche und die denkend geistige, einander ausschließen, kann sich unsere Denkaktivität nur gegen die Wirksamkeit unserer Leibesorganisation durchsetzen. Der geistige Teil unseres Wesens entwickelt sich daher zwar nicht ohne unseren Leib, aber nicht aus ihm, sondern gegen ihn. Aus dieser zurückdrängenden Aktivität gegenüber unseren leiblichen Funktionen entwickeln sich unsere geistigen Eigenschaften in ihrer individuellen Eigenart. Individualisierung beruht auf dem Bezwingen der ihr entgegengerichteten Leibeswirkungen. Wenn wir mit individualisierten Fähigkeiten unseren Lebensweg betreten, können diese daher in ihrem aktiven Kern nicht aus leiblichen Grundlagen, also aus der Vererbung, sondern nur aus einer früheren Auseinandersetzung mit einer leiblichen Organisation begriffen werden. Dies ist der Beweis der Wiederverkörperung des Geistes, der in dieser Schrift einigermaßen ausführlich dargestellt wurde.

Im Blick auf die heutige wissenschaftliche Stituation sei hieran die folgende Bemerkung angeknüpft. Die Vereinigung von Wahrgenommenem und Begriff ist der erkenntnisbildende Grundvorgang, hinter den wir nicht zurück können, da sie jeder besonderen Erkenntnis vorausgeht und jeden Bewußtseinsvorgang begründet. Die heutige Wissenschaft versäumt es, ihren voraussetzungslosen Ausgangspunkt im Erkennen selbst zu gewinnen. Daher geht sie von der (meist unbewußten) Voraussetzung aus, die Wirklichkeit sei unserem Erkennen in ihrem Gesamtumfang, also ebenso in ihren Einzelheiten wie ihren Zusammenhängen vorgegeben. Daher vermeint sie, beide Elemente nur reproduzieren oder sich durch ein korrelatives Zeichensystem verfügbar machen zu können. Sie übersieht demgegenüber die völlig verschiedene Wesensart beider Elemente und die völlig verschiedenen Zugangsarten die uns zu beiden führen. Hieraus folgt der materialistische Grundansatz der heutigen Wissenschaft. Denn sie übersieht, daß die Zusammenhänge aller Welterscheinungen wesensgleich mit dem geistigen Teil unseres eigenen Wesens sind. Aus dieser Einsicht folgt eine geistgemäße Welt- und Selbsterfassung.

Wenn man heute von einer Selbstorganisation der Wirklichkeit spricht, dann liegt hierbei zweierlei vor. Einmal überträgt man Vorgänge, welche für die Lebewesen charakteristisch sind, in ähnlicher Weise auf die Gesamtwirklichkeit, wie dies der Materialismus mit den materiellen Stoffen und Kräften tut. Zum anderen wird auch die Selbstorganisation als ein Total-Wirkliches vorausgesetzt, ohne daß im Sinne des erkennenden Grundvorgangs die auch hier zu beachtende Verschiedenheit von Einzelnem und Zusammenhang und deren eigentümliches Verhältnis zu unserem eigenen erkennenden Verhalten berücksichtigt würde. Die neuerdings auftretende Vorstellung einer allgemeinen Selbstorganisation kann daher keinen echten Beitrag zum Sinnverständnis unserer Existenz leisten.

Zu der Sinnproblematik sei noch das Folgende angeführt. Sie verdeutlicht sich, wenn man sie im Lichte der von *Goethe* und *Fichte* ausgehenden Erkenntnisrichtungen betrachtet. *Fichte* entwickelt seine Philosophie aus der »inneren« Handlungsfähigkeit des Menschen, welche dieser beim Ergreifen der Denkinhalte betätigt. Bei einem Denkvorgang läßt sich dessen Inhalt (z. B. Ursache), also jener Bestandteil, der durch sich selbst seinen Zusammenhang mit anderen Bestandteilen des Denkens (z. B. Wirkung) anzeigt, von der Betätigung unterscheiden, die ihn hervorbringt. Der von den Inhalten losgelöste aktive Anteil unseres Denkens ist unsere »innere« Handlungsfähigkeit. In dieser Handlungsfähigkeit verwirkliche ich mich selbst, indem ich sie anwende. Durch sie erfasse ich die Zusammenhänge, mit denen ich die Einzelzeiten zu Gebilden aufbaue. Sie führt mich zur verlorenen Wirklichkeit zurück, wenn ich mich in ihr verwirkliche. Wirklichkeits- und Selbstrealisation gehen also wechselweise auseinander hervor.

Durch diese sich gegenseitig bedingenden Realisationsvorgänge entsteht eine andere Wirklichkeitsart als jene, die man vorstellt, wenn man annimmt, daß die totale Wirklichkeit dem menschlichen Erkennen vorgegeben sei. Eine solche uns vorgegebene Wirklichkeit würde uns völlig durch die von ihr ausgehenden Beeindruckungen beanspruchen. Wir würden in einer uns passivierenden Eindruckswelt in der Art leben, wie sie die heutige im Schnellfeuer der Medienattacken lebende Menschheit rings um sich erzeugt. In dieser Welt, welche das Realsymbol einer falschen wissenschaftlich-weltanschaulichen Vorentscheidung ist, leben wir im Überfluß alles dessen, das wir nicht brauchen und im Mangel dessen, das wir am meisten brauchen, nämlich unserer Selbstgestaltung. In Wahrheit lebt aber der geistwache Mensch als der Realisator seiner Welt nicht in einer Eindrucks-, sondern in einer Ausdruckswelt. Denn mit dem geistigen Gehalt aller Welterscheinungen ist er durch sein eigenes erkennendes Wesen in einem sprachartigen Vorgang verbunden. Da er sich im Realisieren selbst realisiert, trägt die richtig verstandene Welt in ihrem Geistanteil den Ausdruck seiner Menschlichkeit.

Auf dieses Ausdrucksphänomen richtet *Goethe* seinen erkennenden Blick. Mit naiver Genialität empfindet er den Irrtum des materialistischen Vorurteils. Er schaut mit spontanem Einsichtvermögen, wie alle

Welterscheinungen von urbildlich-geistigen Bildekräften zu Ganzheiten aufgebaut werden. Die ganze Welt ist ein metamor-photisches Geschehen, dessen große Bereiche ebenso wie die einzelnen Wesen, welche diesen Bereichen angehören, von Ganzheiten, die in die Teile wirken, durchdrungen sind. Die ganze Welt und alle Wesen tragen den Ausdruck schöpferischer Geistgestaltung. Und dieses Gewebe eines sich im Gestalten umgestaltenden Gestaltungsgeschehens steigt in sich überformenden Gestaltungseffekten bis zum höchsten Naturwesen, bis zur menschlichen Leibesgestalt empor.

Verbindet man diese beiden großen Motive, das *Goethe*sche Ausdrucks- (oder Metamorphosen-)motiv und das *Fichte*sche Aktionsmotiv miteinander, dann taucht aus ihnen Sinngehalt und Sinnverständnis auf. Dieser Sinngewinn ist unlösbar mit der Einsicht in das Wiederverkörperungsgeschehen verbunden. Im Hervorbringen einer menschlichen Leiblichkeit kommt das Naturgeschehen in doppeltem Sinne an sein Ende. Die menschliche Leibesorganisation ist einerseits das vollkommste Gebilde der Organismenwelt, sie bildet anderseits den Seinsgehalt der Welterscheinungen wieder zurück. Indem sie als ein dekomponierendes System die begrifflichen Elemente, die ganzheitgestaltenden Zusammenhänge von den vollwirklichen Gestalten unserer Welt abstreift, verbleiben von diesen nur die zusammenhanglosen Einzelheiten. Diese dekomponierende, physiologisch bedingte Wirkung kann aber durch die menschliche »innere« Aktionsfähigkeit zurückgedrängt und dadurch der Einsatzbereich für die begriffliche Rekomposition freigelegt werden.

Im Hinblick hierauf werden ebenso Verleiblichung wie Vergeistigung in ihrem Sinngehalt ersichtlich. Der Sinngehalt der Verleiblichung ist die Dekomposition. Denn durch diese wird der Mensch in seinem Erkennen von der (sonst überall zwingend bestimmenden) Wirklichkeitswirkung befreit. Er ist daher in der Lage, aus dem Wiederaufbau der Wirklichkeit den Neuaufbau des geistigen Teiles seines Wesens hervorgehen zu lassen. Er kann sich selbstgeschaffene Selbstgestalt geben. Als erkennendes Wesen verfügt er also über die Freiheit als realisierbare Möglichkeit. Naturprozeß und Verleiblichung erscheinen in dieser Sicht als die ökologischen und physiologischen Voraussetzungen der menschlichen Freiheit. Es ist wohl unverkennbar, daß hieraus ein anderes zivilisatorisches Ethos hervorgeht als die heute übliche Anspruchsorientierung. Mit dem leiblichen verbindet sich der geistige Sinngehalt. Denn in seiner Freiheit fügt der Mensch der Welt ein ideelles Element ein, das nur durch ihn entstehen kann. Er gibt sich den im Weltsinn begründeten Selbstsinn.

Selbstverwirklichung hat also, sofern sie sich selbst richtig versteht, nicht den heute üblichen Sinn der seelischen Selbstbereicherung. Sie ist vielmehr Bereicherung der geistigen Welt durch die ihr in Freiheit dargebrachte Gabe der Selbstheit.

Ebenso hat Lebensqualität, sofern sie sich selbst richtig versteht,